DE LA NÉCESSITÉ

ET

DE LA LÉGALITÉ

DE

DEMANDES EN INDEMNITÉ.

Tout exemplaire qui ne porteroit pas la signature de l'Auteur, seroit considéré comme une contrefaçon.

Se trouve chez

Le Normant, rue de Seine, n° 8, } libraires de l'Association constitutionnelle.
Pichard, quai de Conti, n° 5, }
Egron, rue des Noyers, n° 37.
Dentu, } Palais-Royal, galerie de Bois.
Petit, }
Pillet, rue Christine, n° 5.
Et au bureau de l'Association, rue de Marivaux, n° 3, près la place des Italiens

DE

LA NÉCESSITÉ ET DE LA LÉGALITÉ

DE

DEMANDES EN INDEMNITÉ

A RAISON DE BIENS VENDUS PAR L'ÉTAT,
ET DE TOUTES AUTRES RÉCLAMATIONS LÉGITIMES
A POURSUIVRE PAR TOUTES VOIES
ET CONTRE QUI DE DROIT,

AU NOM D'ÉMIGRÉS,

OU AUTRES FRANÇAIS DÉPOSSÉDÉS;

PAR M. SARRAN.

« Le vœu le plus cher à notre cœur, c'est que tous
» les Français vivent en frères, et que jamais aucun
» souvenir amer ne trouble la sécurité qui doit
» suivre l'acte solennel que nous leur accordons
« aujourd'hui. »

Préambule de la Charte constitutionnelle, octroyée par le Roi, le 4 juin 1814.

PARIS.

IMPRIMERIE DE LE NORMANT,
RUE DE SEINE, N° 8, F. S. G.

MDCCCXXI.

ASSOCIATION CONSTITUTIONNELLE POUR LA DÉFENSE LÉGALE DES INTÉRÊTS LÉGITIMES.

CHAPITRE Ier.

De quelques objections que l'on oppose vulgairement aux réclamations des Emigrés.

TOUTES les fois qu'il a été question de manifester le désir de voir les émigrés indemnisés des pertes qu'ils ont éprouvées à raison de leur émigration, il n'a pas manqué de gens disposés à repousser ces élans de justice, par des espèces de fins de non-recevoir qui n'ont que trop souvent le privilége de séduire le vulgaire par l'excès même de leur absurdité.

Celui-ci, intéressant en quelque sorte la France entière dans sa vaste proposition, demande pourquoi l'on ne feroit point participer au dédommagement réclamé pour les émigrés, tous les Français qui ont perdu par l'effet général du mouvement révolutionnaire.

Plus réservé et plus adroit dans son opposition, celui-là, tout en convenant qu'il seroit juste d'accorder quelque chose à ces malheureux Français qui n'ont pas abandonné leurs princes dans l'infortune, se récrie sur l'énormité de la somme que l'Etat auroit à payer, et dont, à l'en croire, la situation de nos finances nous interdit la possibilité.

Un troisième ne voit pas pourquoi des contribuables, non acquéreurs de biens nationaux, seroient mêlés dans le paiement d'une indemnité à laquelle, pour leur compte, ils n'ont pas donné lieu.

Avant d'entrer en matière, il est de notre devoir de réfuter ces diverses objections plus spécieuses que solides, et c'est ce que nous allons faire en peu de mots.

Quant à *la première*, la principale et la plus dangereuse puisqu'elle frappe plus fortement la multitude, il suffit, pour y répondre, d'examiner le mérite des diverses prétentions, afin de reconnoître si celles que l'on affecte d'assimiler aux réclamations des émigrés, également fondées, sont susceptibles de la même considération devant la justice. Nous devons pour cela remonter aux causes qui ont produit les dommages dont on se plaint.

La réduction des deux tiers, subie par les

créanciers de l'Etat, les pertes provenant de la loi sur le *maximum*, et de la dépréciation du papier monnaie, sont des conséquences funestes sans doute, de mesures générales qui ont pesé sur la généralité des citoyens ; ce sont des sacrifices que l'Etat a imposés à la masse de la nation, des espèces de contributions supportées par ceux que le hasard a trouvés saisis des valeurs dépréciées ; c'est comme une baisse de fonds publics, qui se fait principalement sentir dans les mains du dernier spéculateur ; une diminution de la valeur courante de vieille monnaie, qui amoindrit l'avoir du capitaliste, ou du banquier, assez malheureux pour s'en trouver pourvus. Nul ne peut se soustraire à l'effet d'un discrédit général dont les chances plus ou moins prononcées, selon le besoin des circonstances, ne désignant aucune victime spéciale, n'offrent aucune injustice à réparer. Les lois qui ordonnent, ou qui provoquent des mesures générales, étant faites pour tout le monde, personne ne peut se plaindre d'en être un peu plus ou un peu moins froissé, sans s'exposer au reproche de vouloir l'impossible, c'est-à-dire, que l'action du législateur puisse régler d'avance les accidens particuliers de la vie humaine.

Mais si la société entière ne peut pas s'indemniser des pertes qu'elle s'est fait éprouver à elle-même par ses propres lois, rien ne l'empêche de réparer le mal qu'elle a fait, par des lois d'*exception*, à une classe proscrite de citoyens ; tout lui commande cette réparation, dès qu'il est reconnu que cette proscription fut aussi une injustice. Dans la vente des biens des émigrés, en vertu d'une confiscation qui les a frappés comme émigrés, tout est déterminé dans l'injustice, tout doit l'être dans la réparation. Il faut bien se résoudre à leur accorder une exception pour l'indemnité, puisque c'est par exception qu'on a ordonné leur ruine. Quant à cette spécialité de la vente de leurs biens, les émigrés sont, malheureusement pour eux, dans une catégorie toute particulière, ayant des droits qui leur sont propres en ce qu'ils ont éprouvé une oppression qu'ils n'ont point partagée avec le reste des Français. Pour tout le reste, ils rentrent dans la règle générale. C'est ainsi, par exemple, que ceux d'entre les émigrés qui ont à réclamer des rentes sur l'Etat, ne demandent cette réintégration qu'au tiers de la valeur primitive de leurs titres, se soumettant à la réduction qu'ont subie les créanciers de l'Etat, en vertu d'une mesure générale, prise dans un but qui n'a rien de commun avec l'oppression particulière des personnes.

En général la forme bien entendue s'accorde

avec le fond, le fait avec le droit, et la justice d'une cause avec sa légalité. Ainsi, tandis qu'il seroit impossible d'établir des poursuites légales à raison de toutes ces réclamations d'intérêts qui ont été froissés par des mesures générales, en vertu de lois que la société entiere a fait peser sur la masse des citoyens, rien de plus constitutionnel, rien de plus légal, rien qui soit plus selon les formes habituelles de la justice, que de poursuivre, par toutes voies de droit, la restitution en nature pour l'invendu et en argent pour ce qui n'est plus au pouvoir de l'Etat, des biens que des actes révolutionnaires ont confisqués sur les émigrés, par mesure d'exception.

La *seconde objection*, touchant une prétendue impossibilité de payer la somme énorme, dit-on, de l'indemnité due aux émigrés, tombe d'elle-même. Ce n'est pas ici le lieu d'examiner si l'Etat qui est en plein crédit est insolvable; si l'Etat qui a le moyen de faire des dons, honorables sans doute, pourra raisonnablement se refuser au paiement de ce qu'il doit; si la somme qu'il aura à payer est aussi effrayante qu'on voudroit bien le faire croire; et surtout s'il ne seroit pas permis d'affirmer que le paiement en seroit couvert par des recettes que ce paiement même provoqueroit : mais bien si l'Etat est débiteur du montant de l'indemnité ; car la validité de la dette, dans tous les cas, ne sauroit dépendre d'un fait étranger au droit du créancier : l'insolvabilité réelle ou supposée du débiteur. L'argument que l'on voudroit tirer de l'impossibilité, même reconnue, de payer le prix de l'indemnité, viendroit corroborer, s'il étoit possible, le droit légitime qu'ont les émigrés à recevoir cette indemnité ; et cela seul doit nous suffire ; car c'est la justice et la légalité de la demande qu'il importe surtout de bien établir.

Quant à ceux qui repoussent le système de l'indemnité, sous le prétexte spécieux qu'il seroit injuste d'en faire supporter le paiement aux Français non acquéreurs de biens nationaux, leur objection nous paroît être également favorable en principe au droit des émigrés, en ce sens qu'en discutant sur le mode de paiement, ils admettent comme point préalable qu'il y a une dette à payer.

Mais les exceptions qu'ils proposent, quant à ceux qui doivent contribuer à l'acquittement de cette dette, pèchent essentiellement par la base. En effet, il ne s'agit pas ici d'examiner quels rapports réciproques existent entre l'Etat et telle classe de contribuables, ce dont les émigrés n'ont que faire ; mais bien de considérer l'Etat acquittant envers les émigrés le paiement de ce qu'il leur doit comme prix des biens qu'il lui est impossible de leur rendre, puisqu'il les a vendus. Lorsque les contribuables versent dans le Trésor de l'Etat leur quote-part de toutes les charges publiques, soit que ces charges doivent payer le service courant, soit qu'elles servent à faire éclater la munificence nationale, à combien plus forte raison ne doivent-ils pas contribuer à l'acquittement d'une dette de l'Etat, qui est la partie la plus sacrée des charges publiques : dette contractée pour des sommes que l'Etat a reçues par la vente de biens appartenans à des familles opprimées pour leur fidélité, et qui, dans le temps, ont déchargé les contribuables d'une partie des contributions, égale au prix total reçu à raison de ces biens, si injustement et si illégalement vendus ?

Trop souvent, lorsqu'il a été question de la position des émigrés, on l'a considérée comme étant hors du droit commun ; et, la rejetant tout-à-fait dans le droit politique, on l'a ainsi mise en butte au choc incertain d'opinions qui, en conséquence, ont dû avoir toute la mobilité et l'exagération de ce qui tient à l'esprit de parti. En jugeant, avec ce laisser-aller désespérant, la question relative aux émigrés, chacun, selon l'intérêt divergent de son opinion, bien plus qu'en vertu des règles invariables de la justice, a pu leur accorder ou leur refuser le principe politique de leurs droits dont, par conséquent, le mérite positif n'a pas été plus apprécié par les uns que par les autres.

De là ces digressions inutiles qui ont toujours éloigné du résultat, parce que la question étoit déplacée ; de là ces demi-justices *promises* à la pitié bien plus qu'au bon droit, et qui ont si facilement écarté le bon droit par la pitié ; car, dans ce siècle de calcul, on paie bien légèrement la fidélité dépouillée à qui l'on croit ne devoir que des secours. Dès lors, il a été permis de parler de la pénurie des finances, de la rigueur des temps, de l'*intempestivité* des circonstances, et de faire passer ces mauvaises excuses pour des raisons sans réplique : le malheureux qui demande l'aumône n'a qu'à se retirer lorsqu'on lui a répondu par un *Dieu vous assiste*. Dès lors, les préjugés révolutionnaires, tolérés par ceux-là même qui ont le plus d'intérêt à les détruire, ont paru, armés de l'autorité d'une opinion factice et de la puissance d'une loi méconnue, sous l'égide officieuse d'un système de gouvernement qui a besoin de la révolution, pour l'opposer à la manifestation de tout le bien public qui pourroit se faire au détriment de quelques fortunes particulières qui veulent s'élever. Les émigrés eux-mêmes se sont habitués à ne plus considérer leurs réclamations, si légitimes, que comme des sollicitations de faveurs, et leurs adversaires réunis les ont pris au mot. Des dissertations fort éloquentes se sont ouvertes, où l'on a beaucoup parlé du malheur qui ne commande rien, heureux de pouvoir se taire sur la justice qui ordonne une réparation.

Il est temps que la raison vienne au secours du sentiment, et que l'infortune des émigrés soit enfin réparée, non comme une grâce dont ils n'ont pas besoin, et qui, comme par le passé, tourneroit constamment à leur désavantage ; mais à titre de justice, et comme un droit naturel, garanti par la législation dont nous allons invoquer l'influence dans le cours de cet ouvrage, abandonnant tout ce qui tend vers une stérile pitié, pour n'admettre que les argumens solides qui, par l'exécution rigoureuse de la Charte et des lois, doivent produire un résultat positif.

Nous n'invoquons point ici la justice pour le plaisir, mais pour le besoin d'être justes. Nous ne soulèverons pas le voile qui couvre les plaies dont sont affligés des milliers de nos frères. Nous ne montrerons pas l'honneur et la fidélité sur le grabat de la misère, couverts de l'insolent mépris du siècle. Nous ne voulons ni émouvoir ni attendrir ; nous voulons convaincre. Nous demandons la restitution de ce qui reste au pouvoir de l'Etat des biens confisqués sur les émigrés, et une juste indemnité pour l'équivalent de ce que, dans l'intérêt des tiers, il est impossible à l'Etat de rendre à ces fidèles serviteurs, à ces dignes citoyens. Nous faisons cette demande, parce qu'elle est constitutionnelle, parce qu'elle est légale, parce qu'elle est légitime. La justice de nos réclamations, assurée par la Charte que le Roi nous a donnée, par les lois qui nous régissent, nous fournira tous nos moyens de succès ; ceux-là sont sûrs et honorables : il ne convient ni à la délicatesse ni à l'intérêt des émigrés d'en invoquer d'autres.

CHAPITRE II.

Division de l'ouvrage.

La question étant toute dans les principes et les faits de la loi, nous nous faisons un devoir de remonter au principe des lois, et d'en faire sentir l'esprit général ou particulier, en nous arrêtant, avec une attention plus scrupuleuse, à l'examen de celles qui ont rapport à l'émigration et aux émigrés. Nous ne mettrons dans cet ouvrage d'autre ordre que celui qui nous sera indiqué par l'esprit de suite, que cet examen rend nécessaire.

Lorsque la légalité des réclamations que nous nous proposons de faire prévaloir sera parfaitement établie, rien ne sera plus facile que de prouver la nécessité d'y faire droit; car rien de plus nécessaire dans un Etat que l'exécution des lois dont l'abandon ébranle la société, en ôtant la justice et la sécurité à ses membres.

Quant à la possibilité du paiement, si elle ne naissoit pas du sujet même, il suffiroit de regarder la situation du débiteur, et de juger de sa solvabilité. Ce dernier point n'est qu'un fait à vérifier, et sur lequel nous n'aurons pas à nous arrêter long-temps.

CHAPITRE III.

De la justice, principe de l'ordre.

Toutes les traditions des peuples de la plus haute antiquité s'accordent à représenter la justice comme le fondement des sociétés. En effet, pourquoi les hommes se seroient-ils soumis à des règles qui gênoient leur liberté naturelle, s'ils n'avoient été décidés à cet abandon capital par le besoin de se soustraire aux envahissemens de la licence et à l'action des injustices particulières?

Comme il est de l'essence de la nature humaine d'aimer ce qui lui profite, les premiers citoyens des sociétés politiques aimèrent la justice, fondement de l'ordre qui les protégeoit, et ils la perpétuèrent dans leurs lois, pour assurer le bonheur de leur postérité.

Les Etats fondés par la justice et pour la justice ne se soutiennent qu'avec la justice. Si trop souvent, dans l'histoire des empires, il s'est manifesté des troubles qui, en dérangeant l'ordre établi, ont plongé les hommes dans un état de licence et de barbarie, c'est pour avoir momentanément méconnu la justice, pour avoir méprisé les règles qui devoient en distribuer les bienfaits, que les peuples ont subi ces épouvantables bouleversemens. Leur désir du bonheur, né de la lassitude du désordre, fut toujours un retour à l'ordre, qui ne s'opère jamais qu'en proportion du chemin que l'on fait pour revenir à la justice, son unique appui.

C'est en vain que quelques ambitions particulières s'élèvent sur les débris de la justice méconnue dans un Etat; manquant par la base, leur puissance usurpée, habile à détruire, est incapable de conserver; et bientôt l'Etat tombe avec les oppresseurs et les opprimés, les persécuteurs et les victimes, si le principe qui l'a formé ne vient lui donner une nouvelle vie.

La justice est si évidemment nécessaire à tout ce qui veut se conserver, que les méchans eux-mêmes, après l'avoir foulée aux pieds pour s'élever, sont forcés de la remettre en honneur pour essayer de se maintenir : cherchant ainsi leur salut dans ce qui fait leur condamnation. Mais c'est l'ordre du désordre, incompatible alliance, qui n'offre qu'une apparence trompeuse de sécurité; c'est la fusion incohérente du bien avec le mal, opposition constante entre le but et les moyens, qui recèle le germe des plus pénibles tiraillemens..... Triste et naturelle condition de ce qui est illégitime, qui trouve la mort dans un principe de vie, et ne peut conserver l'existence qu'en se soumettant de nouveau, au lieu de vouloir vainement les plier à ses desseins, aux règles de la justice, qui se prête merveilleusement à faire participer à ses bienfaits le repentir du mal, comme la persévérance dans le bien!

Il est une vérité sentie de tous les esprits, parce qu'elle est gravée dans toutes les consciences : c'est que le pouvoir légitime, ce pouvoir perpétuel qui tient à l'action bienfaisante des lois, a toujours la faculté comme le besoin de remettre en honneur ce qui fait sa force, en consacrant ses droits par ses devoirs. Ainsi, ce qui n'est pas selon les règles de la justice est toujours menacé de s'y voir soumis par le pouvoir légitime. On sait que si la violence appartient à l'usurpation, la force est de l'essence même de la légitimité, et que la force domine la violence de toute l'élévation qui place au-dessus d'un mouvement brusque et passager, comme un fait qui peut être détruit par un autre fait, une action éternelle et constante, comme un droit qui, pour être un instant méconnu, finit toujours par se faire reconnoître. Comment, dans cette crainte et dans cet espoir de la justice, qui ne peut manquer d'avoir son cours, s'il n'est pas écrit que l'Etat doit périr, pourroit-il y avoir de félicité publique et de bonheur particulier ? Comment, si l'on ne conserve qu'une apparence de justice, pourroit-on avoir plus qu'une apparence d'ordre ?

Dans cet état de choses, tout pousse à la dissolution, qui ne peut manquer de s'opérer totalement, si l'on ne travaille avec fruit à ce qu'il y ait quelque chose de réel dans ce qui fait la force et la prospérité des Etats. Tout homme qui s'opposeroit à l'action franche et loyale de la justice deviendroit son propre ennemi, en devenant le destructeur de sa patrie.

Qui veut la fin veut les moyens : nul citoyen ne peut trouver son salut que dans le salut de la société dont il est membre ; nulle société ne peut se sauver que par l'ordre qui s'y maintient, et il ne peut y avoir d'ordre sans la justice qui l'a établi et qui le conserve. La justice est donc le point vers lequel doivent se diriger tous les vœux et tous les efforts généraux et privés, pour trouver la source éternelle du bien public et du bonheur des particuliers.

Il y a dans l'injustice une sorte d'égoïsme qui, concentrant l'homme qui en est subjugué, dans l'intérêt particulier des désirs qui se rapportent à sa seule personne, le prive du secours qu'il emprunteroit de la masse où il seroit venu porter honorablement sa part de sacrifices et de dévouement. La justice, au contraire, en faisant un devoir à chaque citoyen de se dévouer à la chose publique, lui garantit, en échange de la force individuelle qu'il lui apporte, toute la force collective qui se compose de la réunion toujours prête à le défendre, de toutes les forces individuelles. Ici l'intérêt est d'accord avec la justice; car, en même temps qu'il est juste de suivre les inspirations de cette morale toute divine qui commande aux foibles humains de se prêter un mutuel secours, il est utile de maintenir ces relations si touchantes de l'individu avec la société, de qui l'on reçoit bien plus qu'on ne peut lui donner.

Dans un ouvrage où nous voulons armer l'intérêt lui-même en faveur de la justice, il n'aura pas été hors de propos de remonter à ces idées si simples, et que pourtant on semble concevoir si peu. Puissions-nous avoir suffisamment établi que la justice, qui a fondé l'ordre et qui le conserve, par cela seul intéresse tous les citoyens, dont toutes les garanties sont dans l'ordre! De ce principe de salut public, nous descendrons tout naturellement aux conséquences qui commandent aux particuliers, autant par le respect de leurs devoirs que par la considération de leur intérêt, l'obéissance aux lois, à ces lois qui sont les règles même de la justice, et qui ne peuvent être abandonnées sans attirer sur la société en masse, et sur ses membres en particulier, tous les malheurs qui naissent d'un désordre plus ou moins déguisé, de l'usurpation, sous quelque forme qu'elle apparoisse, soit qu'elle s'attache au trône, soit qu'elle attaque un à un les sujets, soit enfin qu'embrassant à la fois, et la chose publique et les choses privées, elle menace l'ordre social dans toutes ses parties.

CHAPITRE IV.

Du droit de propriété, essence même de l'ordre.

L'ordre institué politiquement pour soustraire l'homme aux envahissemens de la licence et à l'action des injustices particulières, conserve nécessairement deux choses essentielles : les hommes et les choses, la liberté et la propriété.

Tout ce que dans les constitutions de divers peuples, on a appelé garanties ou droits politiques, ne sont que des moyens plus ou moins habiles à maintenir le respect de la liberté légale et de la propriété légitime.

La première s'attachant à la personne, la seconde intéressant la famille, celle-ci se lie plus intimement à la perpétuité de l'ordre, surtout lorsqu'étant immobiliaire, elle offre à la loi un gage toujours apparent de stabilité, dont elle a pu déterminer la transmission du possesseur à l'héritier, selon les formes les plus propres à conserver l'harmonie qui doit exister entre l'intérêt des familles en particulier, et l'intérêt général de la grande famille ; entre l'ordre civil et l'ordre politique.

Toutes les fois que cette harmonie vient à se

déranger, il y a nécessairement trouble et confusion dans l'État. La guerre du *tien* et du *mien* ne divise les citoyens d'un même empire que lorsque les lois qui, en réglant l'action de la justice, garantissent le droit de propriété, sont violées par des actes d'usurpation, et qu'il n'est pas plus permis à l'État de compter sur les familles, qu'il n'est permis aux familles de compter sur les propriétés. Le déplacement des propriétés accompagne, précède, ou suit presque toujours le déplacement du pouvoir.

L'ordre fondé par la justice devant conserver, par le principe qui lui a donné la vie, tous les élémens dont il est composé, si vous ôtez la justice de vos lois, ou, pour mieux dire, si vous n'avez plus de véritables lois, des lois qui règlent l'action de la justice, vous rompez avec violence cet enchaînement merveilleux qui lie entre elles toutes les parties de l'ordre social : le principe enlevé, toutes ses conséquences doivent disparoître.

Le droit de propriété est tellement essentiel à l'ordre, qu'il s'identifie en quelque sorte avec lui, et qu'on pourroit presque dire qu'il est l'ordre même. L'existence de l'ordre dépend de l'inviolabilité rigoureuse du droit de propriété.

La propriété, de quelque nature qu'elle puisse être, intéresse une succession d'héritiers de toutes les branches, tant de ceux qui ont des droits que de ceux qui croient en avoir; elle attache à une même propriété, non seulement celui qui la possède mais encore ceux qui, à un dégré plus ou moins rapproché, pensent pouvoir aspirer à sa possession. Chaque propriété, immobiliaire, ou mobiliaire, multiplie à l'infini l'intérêt qu'elle inspire, par le nombre indéterminé des espérances qui se groupent autour d'elle.

De plus, la propriété immobiliaire, considérée sous les rapports qui lui sont propres, a, pour ainsi dire, autant de propriétaires, qu'elle garantit ou qu'elle attire d'intérêts différens : intérêt de celui qui en est en possession, ou de ceux qui, par héritage, ou par succession directe ou collatérale, croient, certains cas arrivant, pouvoir la posséder un jour; intérêt des créanciers dont elle est le gage, et des héritiers ou successeurs de toute espèce; intérêt de la cité, qui a un droit général à ce que cette propriété ne puisse rester infructueuse ni dépérir, puisqu'elle en attend l'impôt nécessaire à l'entretien de l'Etat, et l'aliment indispensable à la vie des citoyens.

La propriété ne peut donc recevoir une atteinte, que l'ordre n'en soit plus ou moins ébranlé.

Un homme qui s'entendoit en révolutions, puisqu'il a écrit plusieurs constitutions pour le même pays (1), l'a dit, et il faut bien l'en croire : « Pour faire la révolution, il faut déplacer la « propriété. » On a déplacé la propriété, et la révolution a été faite.

Le principe de l'ordre étant violé, et les élémens qui le composent et qui le conservent ayant éprouvé de funestes bouleversemens, la guerre terrible du *tien* et du *mien* s'est trouvée déclarée dans le sein de l'Etat, par cela même qu'elle a cessé la première fois que la justice, établissant son empire, est venue fonder l'ordre ; par cela même qu'elle cessera toutes les fois que l'ordre pourra être rétabli par la justice.

Non seulement une portion considérable de propriétés a été frappée d'une sorte d'interdit, mais la propriété immobiliaire en général, malgré la double garantie de la loi civile et de la loi politique, a souffert, dans l'opinion, de l'effet mortel des confiscations que la conscience publique craint de voir se renouveler, tant qu'elle a devant elle la conséquence la plus affreuse du principe qui les a produites : la spoliation maintenue dans le fait, quoique constitutionnellement et légalement réprouvée.

---

(1) L'abbé Sieyes.

Le capitaliste, arrêté par une peur de l'avenir, dont il ne se rend peut-être pas bien compte, mais qui ne le domine pas moins, confie moins volontiers son argent au sol, même à des propriétés mobiliaires trop ostensibles ; en considérant combien est injustement déplorable le sort d'anciens propriétaires qu'on laisse illégalement sous le coup d'une confiscation dont on a vainement reconnu l'injustice, et dont chaque jour on a senti le danger, on peut raisonnablement craindre le retour d'une cause qui subsiste encore dans son effet.

Le sol qui, jadis, étoit regardé comme le placement le plus solide, aujourd'hui qu'il tremble, n'est plus en général qu'un gage chancelant, et auquel on se fie bien moins que par le passé. Comparé à d'autres placemens réellement plus lucratifs et plus assurés dans l'opinion, ces derniers, par un double motif d'autant plus impérieux, que dans tous les sens il se rapporte à l'intérêt, doivent obtenir une préférence dès lors fatale à la chose publique. De là la dépréciation de toutes les propriétés en raison de leur difficulté à pouvoir passer de main en main ; de là cette tendance plus générale vers les opérations financières et le jeu variable de la Bourse ; cette propension qui porte l'homme de nos jours à tout concentrer dans sa personne ; cet abandon de l'esprit de famille, de corporation, de société qui caractérise le siècle; ce relâchement trop malheureusement senti de l'ordre, qui devient moins stable à mesure qu'il s'introduit plus de mobilité dans les intérêts dominans. Et que l'on ne croie pas que telle opinion politique, parce qu'elle seroit ou qu'elle paroîtroit momentanément en faveur, puisse être à l'abri de ces terreurs mortelles ; car si toutes les opinions espèrent la victoire, toutes aussi peuvent la craindre, et c'est cette crainte vague, mais réelle, qui tue la confiance et dénature l'esprit de sociabilité.

Telle est la marche des choses de ce monde : la justice méconnue jette dans la confusion l'ordre qui dès lors laisse sans défense la liberté légale et le droit de propriété ; et, par un mouvement en sens inverse, le désordre de la liberté légale et le discrédit du droit de propriété entraînent rapidement à l'oubli de toute justice, par tout ce qui peut préparer la dissolution de l'ordre, c'est-à-dire, par l'égoïsme considéré comme la règle, seule sage et louable, de la conduite privée; par l'indifférence politique érigée en maxime d'Etat, par l'anéantissement progressif de l'esprit de famille sans lequel il ne peut y avoir d'esprit national.

Que faut-il faire pour prévenir cet épouvantable résultat ?

Revenir à l'ordre, en rétablissant PAR LA JUSTICE l'action généreuse de la liberté légale, et surtout le respect vivifiant du droit de propriété.

CHAPITRE V.

De la force des choses et de son influence dans l'application usuelle de la justice.

Mais dans cette opération de la justice agissant pour la conservation de l'ordre, il faut bien se garder de vouloir être trop rigoureux dans son application. La justice telle qu'elle s'exerce, toujours un peu dégradée dans le cours des affaires de ce monde, a besoin, sinon de se prêter aux caprices des circonstances, du moins de reconnoître les faits matériels que les circonstances ont fait naître. C'est être juste aussi, dans l'ordre politique, que de protéger un effet irréprochable, ou considéré comme tel par des lois de conciliation, tout en réprouvant la cause illégitime qui l'a produit, tout en effaçant, par tous les moyens de réparation possible, jusqu'aux traces du mal injustement souffert.

Tout fait accompli que la loi a cru devoir légitimer dans l'intérêt général, et avec des formes qui ne blessent point la morale publique, devient un droit légal que la justice protége comme tous les autres droits légitimes.

Dans toutes choses, il faut considérer la fin. Lorsque, dans un Etat, le droit de propriété, violé sur une grande partie de la surface territoriale, sembleroit exiger une réparation absolue, il faut préalablement considérer si la rigueur de cette réparation n'entraîneroit pas plus d'injustices qu'il n'y en a réellement à réparer.

Si la propriété violemment et injustement arrachée à l'ancien propriétaire, par une force majeure, a été jugée acquise de bonne foi par un acquéreur qui n'a point commis la spoliation, comment pourroit-on ne pas la respecter dans les mains où elle se trouve? En faisant le contraire, ce seroit véritablement attaquer ce qu'on voudroit cependant faire respecter, et devenir injuste en cherchant à mettre la justice en honneur.

Sans doute les anciens propriétaires, restitués dans leurs biens, n'auroient qu'à bénir la main puissante qui auroit fait cesser toute injustice à leur égard; mais les familles nouvellement dépouillées n'auroient-elles pas dès lors un droit égal à se plaindre de la spoliation dont on les rendroit les victimes? et si elles pouvoient arguer de leur bonne foi, si elles avoient à prouver que c'est sur la foi publique qu'elles ont acquis, selon des lois qu'elles ont crues bonnes, ces mêmes biens, qu'on viendroit de leur enlever, n'auroient-elles pas le droit de se plaindre de cet abus de la force? La justice méconnue, l'autorité des lois méprisée, en porteroient-elles moins le trouble et la confusion dans l'ordre social? La guerre du *tien* et du *mien* en seroit-elle moins vivement déclarée entre l'ancien et le nouveau possesseur, dont l'un pourroit craindre de perdre de nouveau ce que l'autre espéreroit toujours de ressaisir?

Tout ce que nous avons dit du droit de propriété, et du respect religieux dont il doit être entouré par la justice, si l'on veut maintenir l'ordre, vient se reproduire ici pour militer en faveur des détenteurs de biens, que la loi sagement déclare légitimes propriétaires, parce qu'elle les présume acquéreurs de bonne foi.

Autour de cette propriété, placée en de nouvelles mains, se groupent les mêmes intérêts de propriétaire, de successeur et d'héritier; et, quant à la propriété immobiliaire, le même droit de la cité d'empêcher, autant qu'il est en elle, que cette espèce de propriété ne prive, en dépérissant, l'Etat d'une partie de l'impôt, les citoyens d'une portion de leur subsistance.

L'injustice d'une contre-spoliation, quoique déplaçant l'oppression, n'en existeroit pas moins; et, si elle ne frappoit pas les mêmes hommes, elle peseroit toujours sur les mêmes choses, ce qui nécessairement devroit produire les mêmes effets et amener les mêmes résultats.

Attaqué dans le droit de propriété, quoique par la spoliation d'un autre propriétaire, l'ordre n'en seroit pas moins ébranlé, parce que le sol trembleroit également.

En outre, si l'on considère que l'ébranlement produit dans les relations naturelles de la propriété, se faisant moins sentir relativement aux anciens propriétaires dépouillés, seroit dans toute sa force quant à une spoliation toute nouvelle ; si l'on veut faire attention que ces mêmes biens, qui déjà ont produit une terrible secousse, devroient produire une secousse plus terrible encore, s'ils étoient divisés entre un plus grand nombre de détenteurs qu'il n'y a d'anciens propriétaires ; si l'on peut se convaincre que ces propriétés ramèneroient une foule d'intérêts naturellement plus mobiles, à raison de leur multiplicité ; que ce bien, qu'on voudroit déplacer, est dès long-temps regardé comme appartenant à celui qui le possède ; que depuis long-temps il est soumis aux règles qui régissent la propriété ; qu'il a servi et qu'il sert encore de gage ; qu'il a subi toutes les formes de transmission et de confusion ; que dès lors il participe à la solidarité générale, qui embrasse dans un même Etat l'universalité des propriétés ; et qu'on ne pourroit, en conséquence, lui porter une atteinte, sans attaquer en même temps tous ceux qui possèdent ou qui sont appelés à posséder, soit une partie du sol, soit la portion de capitaux à laquelle cette partie du sol sert de gage, on sentira fortement qu'il seroit injuste, et par conséquent dangereux, d'ajouter à la faute d'avoir violé le droit de propriété en dépouillant les anciens propriétaires, la faute plus grande encore, puisqu'elle seroit une récidive, de le violer de nouveau en dépouillant les propriétaires actuels.

Il y a, dans ce qui se passe parmi les hommes, une chose si importante, que par exagération on la place quelquefois au-dessus de la justice, et que, plus sages dans notre appréciation, nous ferons du moins marcher de pair avec ce principe de l'ordre dont elle est, en quelque sorte, le régulateur : c'est la nécessité qui donne à la justice son extension pratique, selon les accidens de la politique et les besoins successifs des circonstances ; justice possible, plus indulgente que rigoureuse, qui, sans méconnoître jamais le bien, le présume quelquefois, et respecte matériellement les intérêts acquis par la force des choses, à l'égal de ceux qui sont fondés sur le droit naturel.

C'est cette doctrine toute sociale, toute pratique, dont nous allons faire l'application à la situation actuelle des choses en France, où les acquisitions, provenant d'une spoliation aussi injuste en principe qu'illégale dans la forme, présumées faites de bonne foi, ont été déclarées irrévocables par une loi de sagesse, de prévoyance, de justice possible, sans nuire toutefois aux droits des anciens propriétaires dont, par ce seul fait de disposer de leurs propriétés, en les maintenant entre les mains de nouveaux propriétaires, l'Etat s'est déclaré le débiteur pour la valeur réelle des biens que dès lors il ne lui étoit plus permis de rendre en nature.

CHAPITRE VI.

De la qualité légitime de propriétaire, garantie à l'acquéreur d'un bien dit national, *compatible avec le défaut de qualité de vendeur qui a pu manquer à l'Etat.*

Au moment où la Charte fut proclamée, ce qui n'a semblé aux yeux de bien des gens qu'une mesure de circonstance, peut avoir été pour des hommes qui ont raisonné d'après un examen plus approfondi, un grand acte de prudence sociale et de justice possible. L'article 9 de la Charte fut évidemment déterminé par la force des choses, mais n'infirma nullement les droits imprescriptibles de la justice, qui furent consacrés dans l'article 10, par la réprobation perpétuelle de la peine anti-sociale de la confiscation.

Le principe criminel de la spoliation des familles fut proscrit, en même temps que l'on assuroit aux acquéreurs des biens confisqués l'inviolabilité constitutionnellement et légalement garantie de leurs propriétés.

« Lors même, dit un orateur favorable au » principe de l'indemnité à défaut de la resti-

» tution (1), lors même, dit-il, que l'on déclare » que les confiscations furent injustes, il reste » toujours vrai que ceux qui ont acquis, sont et » doivent être considérés comme légitimes pos- » sesseurs. Quand un citoyen achète, il n'est » pas juge de la loi en vertu de laquelle il lui est » permis d'acquérir. Sa bonne foi est entière : » mis en possession, sa propriété devient » sacrée. »

La Charte et ceux qui en ont bien saisi l'esprit, qui même se sont conformés à sa lettre expresse, sont d'accord pour proclamer que si la vente faite par l'Etat de biens illégalement et injustement enlevés aux familles, est criminelle et exige une réparation entière envers ceux qui ont été dépouillés, l'acquisition ayant pu être faite de bonne foi, a investi les acquéreurs du droit de légitimes propriétaires. La légitimité du droit de propriété s'acquiert par la bonne foi réelle ou présumée de l'acquéreur ; c'est ce que la Charte a consacré pour la généralité des acquéreurs de biens nationaux ; et nul ne peut s'élever contre cette décision.

Ainsi, quoique l'Etat ait pu n'avoir jamais eu, ou avoir perdu la qualité de vendeur, l'acquéreur,

---

(1) M. Bouchard, discussion générale de la loi du 5 décembre 1814. *Moniteur* du 29 octobre.

qui a cru avoir le droit d'acheteur, n'en possède pas moins la qualité légitime de propriétaire. Les biens des émigrés, libres quant au détenteur qui les a ainsi légitimement acquis, appartiennent aux anciens propriétaires quant à l'Etat qui, n'ayant pas eu titre pour les vendre, comme il nous sera facile de le prouver, doit acquérir ce titre de vendeur, en payant à ceux de qui seul il peut le tenir, le prix légitime des biens dont il a disposé par anticipation.

L'Etat se trouve placé dans cette double position, également raisonnable, considérée isolément par rapport à chacun des intérêts opposés qu'il doit respecter et satisfaire, que tandis que d'un côté l'ancien propriétaire peut lui contester la qualité de vendeur de sa propriété qu'il s'est arrogée par la force, le nouveau propriétaire est fondé à le regarder comme légitime vendeur, en vertu d'actes légaux que l'acheteur a pu se croire permis de ne pas juger.

Toutefois, et sans nuire à l'intérêt des tiers acquéreurs, il eût été possible peut-être, avant la publication de la Charte, de les évincer en leur payant le prix de toutes les indemnités résultant de cette éviction. Les lois révolutionnaires pouvoient être considérées comme non avenues par le pouvoir légitime, qui seul proclame utilement les lois. Mais il est une puissance au-dessus de ce qui doit être, c'est la force de ce qui est. S'il est impossible d'accorder un assentiment de raison à ce que l'on appelle les lois révolutionnaires, il n'est pas moins impossible de n'en pas reconnoître les effets matériels. Dans ce conflit réel entre la justice et la force des choses, le devoir de l'homme d'Etat est de combiner si bien ce qui est dû à l'une et à l'autre, que la force des choses sanctifiée par la justice et la modifiant à son tour dans ce qu'elle peut avoir de trop absolu, s'exerce avec fruit dans ce que la justice a de plus sacré, de plus utile, c'est-à-dire, dans une répartition généreuse de ses bienfaits, entre les divers intérêts légitimes par un bon principe, ou légitimés par les conséquences irrésistibles d'un principe réprouvé.

Cette doctrine, consacrée par la Charte, et qui dès lors a acquis une authenticité que rien ne sauroit détruire, a obtenu, par le silence que les émigrés ont gardé depuis le moment de sa publication, un assentiment d'opinion qui lui a donné la force de l'approbation réelle de ceux qui eussent été les plus intéressés à la combattre.

Les émigrés n'ayant pas cru devoir protester contre le principe de l'irrévocabilité de la vente de leurs biens, il s'est établi, par ce fait bien important, en faveur des nouveaux propriétaires, une sorte de prescription morale, qui rendroit souverainement injuste, et par conséquent impossible, toute demande d'éviction ou protestation future de la part des anciens propriétaires.

Tout ce qui s'est passé dans cet intervalle, sans aucune opposition, dans le mouvement des propriétés dites nationales, a légitimement obtenu une sanction d'autant moins contestable, que, fondée sur une disposition solennelle, émanée du pouvoir légitime, elle a été respectée par les émigrés qui, par des demandes en restitution, auroient pu jeter quelques alarmes sur le droit même légal des acquéreurs de leurs biens.

La bonne foi des transactions qui ont eu lieu depuis cette nouvelle législation, la seule qui garantisse, dans le droit et dans le fait, l'irrévocabilité de la vente des biens nationaux, ne sauroit être raisonnablement attaquée ; tout au contraire, et devant la loi et devant l'opinion, la défend de toute atteinte même morale. Les propriétés nationales sont réellement entrées dans le droit commun de la propriété ; et l'on n'auroit pour les troubler même aucun prétexte, qu'au surplus le respect que l'on garde depuis sept ans à la disposition constitutionnelle prouve qu'on n'emploiera pas plus pour l'avenir qu'on ne l'a fait par le passé.

Et, le voudroit-on, on ne le pourroit pas. Les détenteurs actuels de biens dits nationaux, ceux surtout, et le nombre peut en être considérable, qui, depuis la proclamation de la Charte, ont reçu ces biens à quelque titre que ce soit, armés de la légitimité de leurs droits de propriétaires, seroient d'autant plus habiles à les faire respecter, que les circonstances seroient loin d'être aussi favorables à cette nouvelle violation du droit de propriété, sous le règne des lois, que ne le furent celles qui, il y a trente ans, ont pu permettre les premières spoliations, au milieu du silence de toutes les lois et du règne affreux des usurpations les plus tyranniques.

Le droit légitime des propriétaires des biens dits nationaux est trop bien fondé pour que leurs craintes puissent l'être. Ce point bien établi, il nous reste à prouver cette vérité qui est dans toutes les consciences comme dans toute la législation, que les émigrés non admissibles à être restitués dans leurs biens, constitutionnellement et légalement acquis à des tiers, sont nécessairement en droit de recevoir de l'Etat les biens meubles ou immeubles invendus dont la difficulté des circonstances a pu seule retarder la remise entre leurs mains, et une indemnité équivalente à la valeur des biens vendus, que la situation prospère de notre crédit ne nous permet plus de renvoyer à des temps plus heureux.

Nous devons, pour bien démontrer la justice légale de ces réclamations, examiner l'esprit des lois en général, et en particulier les actes et les lois relatifs à l'émigration et aux émigrés, et rechercher quelle législation régit cette classe respectable de Français, quant à leur position particulière, qui rentre évidemment dans le droit commun, pour leurs justes réclamations envers l'Etat.

CHAPITRE VII.

Du caractère de la loi.

La loi, destinée à régler l'action de la justice pour la conservation de l'ordre, cesseroit d'être elle-même, si elle pouvoit manquer à sa haute destination par l'esprit de désordre qui s'y laisseroit apercevoir.

La loi n'ordonne pas l'arbitraire; elle proclame ce qui est juste. Le législateur ne fait pas la loi, il la met en action, selon que le lui commandent les besoins légitimes de l'ordre. Faire une loi et l'écrire sont deux choses bien distinctes, dont l'une a son action sur la terre, et l'autre prend sa source dans le ciel. « La loi est » toute faite, dit M. Bergasse, dans son *Essai* » *sur la Propriété* : elle n'est autre chose que » la raison universelle, ou Dieu même, qui, » selon les facultés qu'il a distribuées dans les » êtres, fixe les directions auxquelles ils doivent » obéir. »

Dans les premiers temps des sociétés politiques, les hommes, qui n'écrivoient pas leurs lois, n'en étoient pas moins soumis à cette raison universelle, régulateur suprême de l'univers. La conscience publique, qui ne pouvoit se méprendre aux notions si naturelles et si simples du juste et de l'injuste, indiquoit le mal à éviter et le bien à faire, dégagée qu'elle étoit des vaines illusions qui l'obscurcissent, aujourd'hui que l'habitude d'écrire la loi a si facilement persuadé à l'homme qu'elle étoit son ouvrage.

Cette erreur orgueilleuse, signe caractéristique de la dégradation de l'ordre, ne fut que trop souvent la cause et la sauve-garde, passagère à la vérité, de fautes et de crimes qui ont désolé les Etats. Les hommes audacieux qui renversèrent les pouvoirs légitimes se crurent toujours autorisés, parce qu'ils savoient les écrire, à *faire des lois* de toutes les pensées d'injustice et de violence qu'ils jugèrent utiles au maintien de leur autorité usurpée.

Les usurpateurs du pouvoir s'imaginent avoir fait des lois, lorsqu'ils sont privés même de la sublime faculté de les mettre en action, qui, selon la justice, autrement dit, selon la constitution naturelle des Etats, appartient exclusivement au pouvoir légitime. La violence qui fait les usurpateurs est tellement incompatible avec les lois, qu'elles lui deviennent aussi superflues qu'elles lui sont étrangères. En effet, quel besoin peut avoir de la loi le tyran qui n'agit que selon sa volonté? N'est-ce pas une dérision pour les peuples et un embarras pour leurs oppresseurs, que ces œuvres capricieuses de la force matérielle, que la force matérielle peut détruire ?

Il y a dans l'usurpation quelque chose de violent et de provisoire qui repousse l'esprit de calme et de stabilité, véritable esprit des lois. La légitimité du pouvoir, qui ne se crée point par un fait, mais qui existe par le droit; qui naturellement procède de la justice, et ne sort de son caractère qu'autant qu'elle abandonne le principe qui fait sa force; la légitimité du pouvoir a seule qualité pour proclamer utilement la loi, règle essentielle de cette justice de qui le pouvoir légitime tient toute son autorité. C'est dans ce sens élevé que le pouvoir est soumis à la loi, puisqu'il ne la met en évidence aux regards des hommes que pour mettre en action la justice, qui fait son propre droit. De là vient aussi que le pouvoir légitime est la loi vivante, en ce qu'il s'identifie avec la loi, qui ne fait que régler l'action du principe même en vertu duquel le pouvoir légitime existe.

Considérée sous le rapport de son influence sur le droit de propriété, la loi ne sauroit utilement être empreinte d'un autre caractère que de celui de la justice, d'une autre forme que de celle qu'elle emprunte de la légitimité. Prétendre que les lois, œuvre de la force matérielle, enfans perdus de l'usurpation du pouvoir, ont le véritable caractère de la loi, ce seroit dévouer d'avance tout ce qu'elle règle aux mouvemens capricieux d'une volonté tyrannique, et jeter le désordre dans l'ordre même, par le moyen même qui doit tendre à le conserver; ce qui implique contradiction. Si les lois, ou les actes que l'on décore pompeusement de ce nom, avoient une égale autorité, soit que, dans le fond, elles fussent justes ou injustes, soit que, dans la forme, elles fussent légitimes ou illégitimes, que deviendroient la liberté et la propriété, que l'on pourroit dès lors détruire, ou déplacer, avec d'autant plus d'ascendant qu'on auroit justifié l'injustice et légitimé l'usurpation?

L'ordre émané d'un homme assez audacieux ou assez adroit pour s'emparer d'un pouvoir que la force séparée de la justice suffiroit pour rendre légitime, ou bien la majorité, si incertaine et si variable, d'une assemblée délibérante, ne considérant, dans son origine et dans ses actes, que la légitimité du nombre, auroient donc la puissance, même morale, d'ordonner légitimement le déplacement, au jour le jour, de la propriété, qui passeroit légalement d'un parti à l'autre, et de main en main, selon l'esprit du pouvoir dominant. Telles sont les conséquences affreuses de ce qui arriveroit, si la justice, pour le fond, et la légitimité du pouvoir, pour la forme, pouvoient cesser d'être le caractère et le signe distinctifs de la loi.

La loi ne sauroit admettre un principe autre que celui de la justice et de la légitimité. La doctrine politique est si rigoureuse à cet égard, que tout acte entaché de ces vices dégradans commanderoit vainement à la conscience, sans pouvoir obtenir d'autre soumission que celle qui naît de l'abus de la force. Ces actes d'usurpation et d'injustice, frappés à la fois d'une erreur de principe et d'une erreur de fait, c'est-à-dire privés de la justice, qui est le caractère de la loi, et de l'action du pouvoir légitime, qui en est le signe distinctif, vivent tout au plus autant que l'usurpation qui les a vus naître, et ne sauroient perpétuer l'injustice qui les a provoqués. Il y a principe de mort dans ces actes éphémères, comme il y a principe de vie dans la loi. Les actes d'usurpation ne laissent après eux aucune trace qui puisse obliger; la loi, au contraire, quant aux principes qu'elle proclame, oblige pour tous les temps où son action paroît nécessaire à leur juste et utile développement.

Si la loi en elle-même, pour les faits qu'elle ordonne dans l'avenir, ne sauroit avoir d'effet rétroactif, parce que la chose impossible dans son exécution seroit injuste dans ses résultats, il n'en est pas ainsi lorsqu'elle agit par *un principe* de justice et de réparation. S'il en étoit autrement, il faudroit donc admettre qu'une injustice, par ce seul fait qu'elle seroit commise, ne pourroit plus être réparée; étrange maxime, qui placeroit l'impunité du crime dans le crime même, et perpétueroit l'oppression par cela seul qu'on en auroit reconnu l'existence. La rétroactivité de la loi qui, en réparant une injustice, consacre ainsi la justice même, principe de l'ordre, est un droit inhérent à son action; car si, pour être réparée, l'injustice a besoin d'être recherchée dès son origine, la justice qui doit servir à cette réparation est rétroactive par essence, parce qu'un principe ne connoît pas de passé, et que son empire est de tous les temps.

CHAPITRE VIII.

Des lois rendues en France en l'absence du pouvoir légitime. Article 68 de la Charte.

Peu jaloux de suivre l'exemple de ces timides défenseurs des droits des émigrés, qui n'ont pas voulu discuter la légitimité des assemblées révolutionnaires, ni la légalité des actes de violence et d'injustice qu'elles ont produits, nous ne craindrons pas de nous livrer à cette discussion, qui doit nécessairement provoquer un résultat mieux déterminé, puisque le point du départ sera mieux connu. Lorsqu'il s'agit de faire triompher les intérêts de la justice, on doit vouloir tout ce que l'on peut; et, du moment que la discussion des actes qui ont produit l'injustice n'est pas impossible, on doit se livrer au combat avec cette ardeur qu'inspire le désir d'atteindre le but honorable qui est au bout de la carrière.

Il est impossible d'accorder le caractère de la loi à ces actes entachés d'injustice et d'illégitimité, qui ont bien pu soumettre par la force tant que la force a duré, mais qui sont impuissans à perpétuer leur autorité usurpée, lorsque le pouvoir légitime, que ces actes avoient suspendu et outragé, a repris son empire, et peut enfin exercer effectivement une autorité que de droit il n'a jamais perdue.

Il n'y a de lois que celles que la légitimité du pouvoir proclame. Le Roi de France, n'ayant jamais cessé de l'être, puisque la légitimité de son titre appartient, non pas à un parti, mais à la nation, dans l'intérêt de sa conservation et de sa prospérité, n'a pu soumettre son peuple qu'aux lois favorables au principe de la justice, et qui n'étoient point contraires à la légitimité du pouvoir. Nulles de droit, les prétendues lois de la révolution ont cessé de fait par l'absence de la force d'usurpation, qui étoit leur unique appui. Celles que le Roi a cru devoir conserver, parce qu'elles se rapportoient à des faits nécessaires, ont reçu qualité de loi par la sanction expresse de celui qui seul peut proclamer la loi.

Voudroit-on qu'il en fût autrement? Il faudroit admettre l'absurde; en même temps reconnoître la légitimité du pouvoir du Roi, et maintenir les lois révolutionnaires qui frappoient plus particulièrement sa personne sacrée de la peine capitale, portée contre un prétendu crime de haute trahison; laisser les émigrés de toutes les classes sous le coup d'une condamnation dès lors flétrissante, puisqu'elle seroit légitimement approuvée, et obéir au chef des émigrés, à celui que les lois révolutionnaires, qualifiant de *dernier frère du tyran*, avoient insolemment placé à la tête des Français qui, *dans aucun temps*, ne pouvoient reparoître, *sous peine de mort*, sur le territoire de la patrie.

Comment le Roi de France, d'après l'application des principes que nous avons établis, et les faits dont nous sommes tous les témoins, pourroit-il être soumis lui-même à une législation qui le condamne, et qui, si elle existoit à l'égal des véritables lois, le menaceroit d'une exécution rigoureuse contre sa personne sacrée? Comment rendre compatibles la majesté du Roi et la qualité de banni à perpétuité du royaume même où il exerce la suprême puissance?

Cette absurdité de deux situations toutes différentes dans la même personne, se reproduit chaque fois que, sous le règne de fait du souverain de droit, on veut considérer comme des lois des actes qui n'ont jamais eu la qualité de loi, même lorsque la force matérielle en rendoit l'exécution possible. Nous ne connoissons pas de meilleure réfutation de cette ridicule et criminelle doctrine, que de renvoyer les personnes qui pourroient ne pas être convaincues par ce que nous venons de dire sur ce dégoûtant sujet, à l'historique des lois révolutionnaires de l'émigration, que M. Bedoch a cru devoir placer dans un rapport fait pour essayer de détruire tout le bien qu'une proposition loyale de la couronne avoit jugé juste, nécessaire et possible (1). On y verra avec quelle complaisante impassibilité M. le rapporteur parle, comme faisant partie de la législation actuelle, de ces actes de violence qui proscrivoient si outrageusement le Roi, auteur du projet de loi du 5 décembre 1814, dont M. Bedoch avoit été chargé de préparer et d'éclairer la discussion.

Les actes donnés comme des lois en l'absence du pouvoir légitime doivent être considérés de deux manières : d'une manière absolue quant aux principes qui les repoussent ; d'une manière relative quant aux conséquences qu'a pu produire l'exécution de ces actes. Tandis que, sous ce dernier rapport, les droits des tiers doivent être respectés, l'injustice commise doit, sous le premier rapport, et en vertu de l'immutabilité des principes, être légitimement réparée par la justice distribuée dans les lois émanées du pouvoir légitime.

---

(1) Voir *le Moniteur* du 19 octobre 1814.

La Charte (article 68) a heureusement distingué les lois qui tomboient devant la légitimité de celles que la légitimité devoit sanctionner, quant à leurs conséquences licites ; et c'est ce qu'elle a fait par la disposition générale de cet article qui s'exprime ainsi :

« Le Code civil, et les lois actuellement exis-
» tantes qui ne sont pas contraires à la présente
» Charte, restent en vigueur jusqu'à ce qu'il y
» soit légalement dérogé. »

Le souverain législateur, en sanctionnant les lois révolutionnaires *qui ne sont pas contraires à la Charte*, en faisant ainsi de ces actes d'usurpation de véritables lois, a réprouvé toutes les prétendues lois qu'il n'a pas sanctionnées, *parce qu'elles sont contraires à la Charte.*

Afin de déterminer quels sont les actes révolutionnaires que le souverain législateur réprouve, et quels sont ceux dont il a fait des lois par sa sanction, il n'y a qu'à bien établir la lettre et l'esprit de la Charte ; tout ce qui leur est contraire est nul ; tout ce qui ne leur est pas contraire acquiert une autorité inattaquable.

Que proclame la Charte ? la justice. Que consacre-t-elle ? le respect le plus religieux pour le droit de propriété ; l'abolition perpétuelle de la peine de la confiscation. Que suppose-t-elle comme droit inhérent à sa propre existence la légitimité du pouvoir, toujours existante et jamais interrompue dans la personne de son auguste auteur qui, sans cela, n'eût pas eu qualité pour l'octroyer aux Français.

Tous les actes révolutionnaires contraires à la justice, au respect religieux pour le droit de propriété, au principe de l'abolition perpétuelle de la confiscation des biens, surtout à la légitimité du pouvoir, au respect inviolable que commande la personne de celui qui en est revêtu, à la considération qu'inspirent ses défenseurs, sont donc considérés comme n'ayant jamais existé de droit, comme n'existant plus actuellement ni de droit ni de fait, puisque le Roi a cru devoir priver ces actes de sa sanction, qui seule pouvoit les rendre légitimes et obligatoires.

Toutes les lois de la révolution, nulles de droit, sont devenues lois par la sanction du pouvoir légitime, qui leur a été accordée pour tous les cas où ces actes révolutionnaires ne sont pas contraires à la lettre et à l'esprit de la Charte. En suivant cette distinction lumineuse tout s'éclaircira sans peine. Les lois de l'émigration, contraires à la Charte, ne pouvant être considérées comme faisant partie de notre législation, il n'y a plus dès lors à redouter le spectacle effrayant de lois qui seroient ennemies de l'autorité et de la personne de celui qui est la source de toute loi : situation politique qu'on ne sauroit comprendre que pour la juger destinée à porter dans l'Etat le germe d'un épouvantable bouleversement, où, comme par le passé, viendroient se perdre confusément tout ce qui constitue l'ordre, la justice, les lois, l'autorité, et le pouvoir tutélaire de la stabilité de l'Etat et de la sécurité des citoyens.

CHAPITRE IX.

Que ce n'est que par usurpation sur la constitution et les lois de leur pays que les gouvernans révolutionnaires ont rétabli la peine de la confiscation.

On parle beaucoup du règne des lois quand on veut s'opposer par des mots à l'action réelle du pouvoir légitime. A quoi se réduit ce beau langage ? Des factieux que la justice eût punis, si force fût restée à justice, ont appelé *des lois* des actes d'usurpation, qui n'en avoient ni la qualité ni le mérite ; et le règne des lois est devenu le règne de la violence et de l'injustice.

La constitution de 91 avoit réglé démocratiquement le sort de la monarchie ; mais il restoit toutefois dans le droit écrit de ce pacte entre le Roi et une assemblée usurpatrice, des dispositions qui, si elles avoient eu quelque garantie d'exécution, eussent épargné bien des calamités à la France, en prévenant les crimes qui devoient les précéder ou s'y confondre.

Le 3 septembre 1791, cette constitution à laquelle du moins il eût fallu obéir, garantit comme droit naturel et civil; la liberté à tout homme d'aller, de rester, de partir.

Le 18 du même mois, il fut déclaré qu'il ne seroit plus exigé de permission ou de passeport dont l'usage avoit été momentanément établi, et que, conformément à la constitution, il ne seroit plus apporté aucun obstacle au droit de tout citoyen de voyager librement dans le royaume et d'en sortir à volonté.

Une multitude de Français ayant cru pouvoir profiter de la permission, l'assemblée nationale, au mépris d'un droit constitutionnel, crut devoir prendre des mesures pour obliger ceux qui avoient légalement quitté leur patrie à rentrer dans son sein, où les attendoient les humiliations, les outrages et la mort. De là toutes les lois de l'émigration, qui, violant tous les principes consacrés par les lois existantes, prononcèrent des peines inattendues contre des malheureux Français, victimes d'une position impérieuse dont ils n'étoient pas les maîtres.

Sans doute nous pourrions nous étendre sur les horribles persécutions de cette époque désastreuse, montrer l'incendie des châteaux, l'emprisonnement et l'assassinat des personnes, forçant les hommes les plus vertueux et les plus fidèles à quitter une terre où les lois, sans pouvoir pour les protéger, s'armoient de toute leur puissance pour les accabler. Mais, comme nous ne pouvons pas oublier que nous avons à nous renfermer dans le droit bien plus que dans les faits de notre cause, cette considération nous engage à passer immédiatement à l'examen du point législatif qui repousse la doctrine révolutionnaire de la confiscation des biens.

CHAPITRE X.

De l'abolition de la peine de la confiscation. Suite du chapitre précédent.

Le 21 janvier 1790, trois ans avant l'exécution du régicide dont les affreux résultats pèsent encore sur notre malheureuse France, le vertueux Louis XVI sanctionna une loi qui, dans une de ses dispositions principales, abolissoit cette peine terrible dont l'application, même juste et légale, eut toujours de fatales conséquences.

Les termes de la loi sont précieux, et il est essentiel de les rapporter : « La confiscation des » biens ne pourra *jamais* être prononcée *en* » *aucun cas.* »

Cette loi si juste et si prévoyante, sanctionnée par le pouvoir légitime, ne pouvoit convenir aux factieux qui, pour s'emparer de la fortune des citoyens et de la puissance publique, introduisirent peu à peu dans leurs actes oppresseurs la peine de la confiscation qu'elle avoit abolie. Toutefois, malgré l'état de contrainte où le Roi resta plongé jusqu'à la désastreuse journée du 10 août, les lois imposées par des assemblées, devenues chaque jour plus exigeantes et plus tyranniques, n'osèrent jamais attaquer le principe consacré par la loi du 21 janvier 1790, qui fut même respecté par le décret de la Convention nationale du 30 octobre 1792.

Ce ne fut que le 28 mars 1793 que cette assemblée rebelle, teinte du sang de son Roi, crut pouvoir se permettre une violation énorme du droit commun, que le régicide même avoit dû précéder. Les émigrés furent bannis à perpétuité du territoire français, déclarés *morts civilement;* leurs biens furent *acquis* à la république ; la peine de mort fut attachée à l'infraction du bannissement.

Le 3 juin de la même année, la même assemblée ordonna la vente des biens-immeubles des émigrés. Pour déterminer par un seul fait le caractère odieux de ces actes de violence et d'injustice, il nous suffira de citer l'article 22 de l'acte du 3 juin, conçu en ces termes: « Les » biens seront vendus sans garantie de mesure, » consistance et valeur, et il ne pourra être exercé » *respectivement* aucun recours en indemnité, » réduction ou augmentation du prix de la » vente, quelque puisse être la différence exis- » tant *en plus ou en moins* dans la mesure, consis- » tance et valeur. » Ainsi la Convention nationale, pour consommer le déplacement des propriétés, moyen principal de la révolution de l'ordre, jugea nécessaire d'offrir un appât séduisant à l'avidité des acquéreurs, afin d'engager la vente des biens appartenant aux familles, dont en général on répugnoit à se rendre possesseur.

Les actes qui suivirent ces premiers actes de spoliation sont remarquables par un esprit de confusion et de bouleversement, qui a rendu la législation révolutionnaire des émigrés aussi obscure et aussi tyrannique dans la forme, qu'elle est injuste et *illégale* dans le fond.

Les modifications et contradictions qui s'en sont suivies sous les diverses constitutions enfantées et mortes successivement jusqu'au retour du Roi légitime, avoient amené, pour résultat d'amnistie, de grâce, de faveur, de déclarer que le Roi légitime, sa famille et ses plus constants serviteurs resteroient, par exception, soumis à toutes les dispositions pénales, dont les gouvernans avoient bien voulu faire la remise, sous certaines conditions et réserves, au reste des émigrés.

Enfin le chef des émigrés, placé dans les exceptions rigoureuses du sénatus-consulte de l'an X de la république, reparoît sur le sol de la patrie, non sans doute en vertu des prétendues lois qui l'avoient plus particulièrement proscrit, mais certainement en vertu du droit exclusif et indélébile qu'il avoit de donner des lois même à ses proscripteurs.

Si la légitimité pouvoit agir comme l'usurpation, la force comme la violence, le Roi, chef des émigrés, reprenant l'empire là où il avoit toujours eu l'autorité, auroit fait tomber sur le parti vaincu le poids d'une réaction que tout sembloit permettre à celui qui avoit reçu tant d'outrages, mais que tout défendoit au père commun de la grande famille.

Il n'y a de parti réellement puissant, et il ne peut y avoir de persécution autorisée par les actes des gouvernans, que là où les factions sont parvenues à se disputer l'exerçice d'un pouvoir usurpé. Dans l'Etat gouverné par l'autorité légitime, il ne peut y avoir que le souverain et les sujets, un père et des enfans. A tous le Roi légitime doit la justice du monarque et l'amour du père de famille. Comme le propre de la société ainsi gouvernée est d'être durable, il ne peut y avoir dans son action rien qui naturellement en trouble l'harmonie et l'entraîne au désordre.

C'est ainsi qu'à son retour en 1814, le Roi, bien loin de maintenir la peine de la confiscation, d'en faire l'application, soit contre les hommes qui avoient ordonné les premières confiscations, soit en dépouillant ceux qui en avoient le fruit en leurs mains, s'empressa de consacrer de nouveau le principe de la loi du 21 janvier 1790 ; abolissant ainsi la peine de la confiscation en principe, comme par tous les actes émanés de son autorité légitime, et qui tous portent l'empreinte solennelle du respect le plus religieux pour le droit de propriété. « La » peine de la confiscation des biens, dit l'art. 66 » de la Charte, est abolie, et ne pourra pas être » rétablie. »

De la loi du 21 janvier 1790 à la Charte du 4 juin, il n'y a d'autre éloignement que celui des temps; les principes sont les mêmes; l'autorité qui les a proclamés est la même; c'est le même Roi, le Roi qui ne meurt jamais, qui a donné la loi à son peuple, pour qu'elle fût sa règle et sa sauve-garde. Les actes d'usurpation qui, dans l'intervalle et pendant que le Roi avoit été dépossédé de l'empire sans avoir jamais perdu l'autorité, ont pesé sur les Français, ne sauroient prévaloir contre la sainteté de la loi, dont elles n'ont pu légitimement interrompre le cours. Tout ce qu'ont produit la violence et l'injustice n'existe pas de droit, et doit être réparé pour obéir à la loi qui, loin d'ordonner que l'injustice fût commise, en avoit *à jamais* proscrit le principe.

Selon le vœu de la loi en 1790 comme en 1814,

la propriété doit être respectée dans les mains où elle se trouve; et si le droit de propriété fut violé depuis le 21 janvier 1790, toute réparation légale doit être accordée à ceux qui ont souffert de la violation de la loi.

Quel homme assez hardi dans le crime oseroit dire : Je regarde comme des lois justes et obligatoires ces actes monstrueux qui, au milieu des excès les plus sanglans de la terreur la plus silencieuse, ordonnoient la ruine des familles et le bouleversement de l'ordre? Si personne n'oseroit *se déclarer* l'apôtre d'une semblable doctrine, si personne n'oseroit s'avouer capable d'en faire de nouveau la terrible application, il faut que l'on convienne, même en n'admettant pas le principe d'ordre qui veut que la légitimité du pouvoir puisse seule donner à un acte de gouvernement le caractère de la loi, il faut que l'on convienne de la justice qu'il y a, moralement parlant, à considérer les lois révolutionnaires de spoliation, comme non avenues contre les malheureux qu'elles ont dépouillés, tout en respectant les droits des tiers qui ont pu se croire permis d'acquérir ce que les lois du temps ordonnoient de vendre. La bonne foi réelle ou présumée de l'acquéreur, en établissant la légitimité de son droit de propriétaire, est étrangère au droit qu'elle n'infirme nullement, en vertu duquel l'ancien propriétaire réclame de l'Etat le prix que celui-ci doit lui payer du bien qui, pour avoir pu être légitimement acquis, n'en a pas moins été injustement et illégalement vendu.

CHAPITRE XI.

La peine de la confiscation considérée comme étant incompatible avec l'ordre social.

Ce fut sans doute une éminente pensée du législateur de proclamer l'abolition de la peine de la confiscation des biens. Jamais l'ordre ne put mieux être raffermi que par la consécration de ce principe, dont la violation sacrilége fut jugée indispensable pour jeter le désordre dans l'Etat. La société politique ne peut exister que par cette sécurité publique et particulière, que donnent l'observance rigoureuse des règles de la justice, et le respect le plus incontestable pour la jouissance des droits garantis aux membres de la société.

Au nombre de ces droits politiques que l'homme a acquis dans la cité en échange de ses droits naturels, se distingue le droit de propriété comme celui qui a le plus d'influence sur la masse des citoyens, puisque toutes les familles y sont plus ou moins intéressées. Lorsque la loi a sagement déclaré que ce droit étoit inviolable, elle a consacré le principe le plus positif de la conservation de l'ordre.

La peine de la confiscation des biens, opposée à ce principe éminemment conservateur, est en conséquence l'action la plus impolitique dans un État qui ne veut pas se détruire. En supposant cette peine terrible, justement portée contre un crime avéré de haute trahison, toujours seroit-il juste d'examiner si la peine est en rapport avec le crime, si elle n'atteint que le criminel, si elle ne laisse pas dans la suite des générations le germe ou le prétexte de nouveaux attentats.

Il sembleroit qu'en rigoureuse justice les familles qui participent à la munificence publique, dont l'Etat récompense les services qui lui ont été rendus par leurs auteurs, devroient également subir l'effet des condamnations pour des crimes qui ont pu compromettre l'Etat, dirigées contre ceux de leurs membres dont les honneurs et la fortune auroient pu rejaillir sur elles ou même devenir leur partage dans l'ordre naturel des successions. En général il est juste de se soumettre aux chances mauvaises lorsqu'on a pu profiter des bonnes. Mais dans le fait des relations des particuliers avec l'Etat il ne peut en être ainsi.

Le bien se présume, mais jamais le mal. Lorsque les récompenses de l'Etat rejaillissent sur les familles de ceux qui les ont méritées, on a pu, on a dû présumer que tous les membres de la famille honorée ou enrichie, auroient fait tout ce qui a valu à leur parent les distinctions ou les richesses dont lui et les siens ont profité. Cette supposition, aussi honorable que politique, en rendant héréditaires le dévouement et le mérite des services publics, donne à l'Etat une force qui, se perpétuant avec les races, dote l'avenir de toutes les actions généreuses des temps passés. Il s'établit par là entre l'Etat et les familles méritantes et récompensées une suite de relations de bienveillance et de respect, dont la force, habilement dirigée, peut quelquefois sauver les empires sur le penchant de leur ruine.

Par la même raison qui perpétue ainsi, pour le bien de l'Etat autant que pour la prospérité des familles, le souvenir des services publics et des récompenses qui y sont attachées, le souvenir des trahisons et des peines qu'elles ont encourues peut se perpétuer aussi, mais avec des effets aussi fâcheux aux familles, aussi désastreux à la chose publique, que les autres sont utiles et profitables à l'Etat et aux particuliers.

Dans l'intérêt général comme dans l'intérêt privé, s'il est utile et national d'éterniser, pour ainsi dire, tout ce qui peut rappeler les actions honorables, il n'en seroit pas moins dangereux, et contraire au bien public, de perpétuer les souvenirs amers des actions honteuses, qu'il est aussi juste que prudent de laisser dans le plus profond oubli. .

Le mal ne pouvant jamais se présumer, et l'expérience ayant démontré maintes fois que le successeur d'un méchant homme pouvoit être un homme vertueux, le successeur d'un conspirateur le citoyen le plus recommandable et le plus dévoué, il est injuste de vouloir punir des familles d'un crime qu'elles sont présumées incapables de commettre ; il est prudent de ne point les entacher d'une réprobation dont le souvenir, se perpétuant de génération en génération, jette pour l'avenir le fondement des dissentimens les plus déplorables entre l'Etat et les particuliers.

La confiscation des biens, quelque juste d'ailleurs que fût la condamnation de l'homme qui l'auroit encourue, est donc à la fois une injustice pour les familles qui jamais ne peuvent être présumées coupables, puisque le crime ne se présume pas, et un acte d'insigne imprévoyance dans l'ordre politique où il ne convient de conserver, tant pour le présent que pour l'avenir, que ce qui peut y raffermir l'esprit d'union et d'amour, qui en fait la force invincible.

Nous savons qu'on peut objecter le dommage que l'État reçoit par les trahisons qu'on lui fait éprouver et dont il paroîtroit pouvoir réclamer le payement sur les biens du coupable. Cette objection, irrécusable en droit civil, est loin d'avoir la même force dans le droit politique où tout doit concourir à maintenir l'ordre, à écarter tout ce qui pourroit nuire à la sécurité des citoyens et à la stabilité de l'Etat.

S'il est reconnu que la confiscation des biens feroit peser la solidarité du crime qui y auroit donné lieu sur les familles dont elle dévoreroit le patrimoine ; s'il est reconnu que la propriété en est toujours un peu plus ou un peu moins ébranlée ; s'il est reconnu qu'il en résulte des mécontentemens qui se perpétuent dans les familles avec le souvenir des pertes qu'elles ont éprouvées et de l'injustice qu'elles croient avoir soufferte, il faut bénir la loi qui a banni pour toujours du Code français cette peine anti-sociale, qui, dans les formes de son application, dénonce plus ou moins le vice essentiel dont elle est entachée, et qui se manifeste par des conséquences si funestes à l'ordre, dont on a eu toutefois la prétention d'en faire une sorte de sauve-garde.

Il seroit impossible d'admettre raisonnablement une doctrine contraire, aujourd'hui surtout que la France gémissant sous le coup funeste de confiscations ordonnées, non seulement contre les lois, mais encore contre la justice, contre l'évidence la plus palpable du droit, a besoin de voir disparoître, conformément à l'esprit et à la lettre des lois, jusqu'aux traces de cette peine illégale qui n'en paroît que plus odieuse pour avoir frappé des innocens, quoiqu'elle dût être également repoussée pour avoir frappé des coupables.

Les hommes qui tiennent beaucoup aux révolutions, parce qu'elles leur rapportent à peu près tout ce qu'elles font perdre aux autres, s'attachent trop à tous les résultats même réparables des confiscations, pour ne pas donner à penser qu'ils sont réellement bien plus attachés au principe qui les produit. En effet, toute révolution dans un Etat soumis à l'autorité légitime, seroit sans but sans la confiscation des biens qu'ambitionnent les factieux. Aussi, pendant les cent-jours, lorsque l'usurpation de la première place pouvoit faire espérer des usurpations particulières, la rébellion victorieuse s'empressa-t-elle de rétablir cette peine secourable aux spoliateurs, comme l'arme la plus utile que pouvoit lui fournir l'arsenal révolutionnaire.

Les intérêts des acquéreurs des biens nationaux que personne n'attaque et que le parti veut défendre, sont le prétexte de désirs illicites, dévoilés par toute la crainte des factions révolutionnaires qui veulent le principe même de la confiscation, pour l'exercer au besoin, non contre tel ou tel propriétaire, mais contre la propriété en général. Qu'importe l'origine de la propriété à ceux qui, dans toutes les occasions, et conformant leur langage aux circonstances, ont montré leur désir de s'en emparer, en manifestant de toutes les manières, leur ardent amour pour tout ce qui a rapport au principe, aux actes ou aux résultats des plus odieuses spoliations ?

CHAPITRE XII.

De l'illégalité de la vente des biens des émigrés, en admettant même l'autorité des lois révolutionnaires.

Après avoir démontré que les actes usurpateurs donnés pendant la révolution, non sanctionnés par le Roi, ne peuvent être obligatoires, et que les prétendues lois de l'émigration qui, soit spécialement, soit d'une manière générale, n'ont pas été revêtues de cette sanction indispensable pour leur donner le caractère de la loi, ne sont nullement applicables aux émigrés, il sera curieux d'examiner cette partie de la législation révolutionnaire, pour voir si du moins elle a reçu une exécution conforme aux dispositions qu'elle renferme, et si ce que l'on a fait en vertu de ces lois étoit bien ce qu'elles ordonnoient.

Reprenons le premier décret décisif que la Convention Nationale a rendu sur cette matière, celui du 28 mars 1793. Nous y voyons les émigrés *morts civilement*, bannis à perpétuité du territoire de la république qui devient *acquéreur* de leurs biens. La loi est précise dans toutes ses parties, tant pour la détermination des peines que pour la désignation du délit. Voilà tout ce que pouvoit faire une loi générale qui n'étoit point nominativement rendue contre tel ou tel individu, mais contre tous les individus qui se trouveroient dans les cas indiqués par la loi. Elle supposoit, comme toute loi pénale, des formes juridiques pour changer l'état de prévention qui pesoit sur les individus fugitifs, en un état d'accusation, et dans ce cas un jugement successif qui pût condamner ou absoudre l'accusé.

Le décret du 28 mars n'avoit pas manqué de prévoyance à cet égard ; il avoit déterminé les formes dans lesquelles il seroit appliqué aux émigrés qui tomberoient au pouvoir de la force publique. « Les émigrés qui rentreront, dit l'ar-
» ticle 76, ceux qui sont rentrés, *ceux qui res-*
» *teront sur le territoire de la république*, contre
» la disposition des lois, seront conduits de-
» vant le tribunal criminel du département de
» leur dernier domicile en France, qui les fera
» mettre à la maison de justice. » (Suivent dans les articles 77, 78, 79 et 80, les formes du jugement et de la procédure.)

L'article 81 s'exprime d'une façon plus positive encore. « Les jugemens rendus contre les
» dispositions de la présente loi, dit-il, seront
» nuls ; en conséquence, *les prévenus d'émigra-*

» *tion* qui ont pu être absous, seront de nou-
» veau mis en jugement.—Tous *prévenus d'émi-*
» *gration*, détenus dans les maisons d'arrêt et
» prisons des tribunaux de district, soit qu'il
» y ait ou qu'il n'y ait pas de procédures com-
» mencées, seront renvoyés sur-le-champ au
» tribunal criminel de leur dernier domicile. »

La loi du 3 juin de la même année, en ordonnant la vente des biens immeubles des émigrés, n'a pu que supposer que la qualité d'émigré devoit être préalablement établie quant à ceux dont on vendroit les biens.

Aucune disposition de ces lois révolutionnaires ne condamne en masse les émigrés ; la formation des listes par les directoires de district et le comité de législation, n'établissoit qu'un état de prévention contre ceux qui y étoient inscrits. Il falloit un jugement du tribunal criminel du département où étoit le dernier domicile du prévenu d'émigration, pour statuer au moins sur l'identité de la personne. Ces jugemens manquant, tout ce qui eût pu en dériver en vertu des lois qui en nécessitoient l'intervention, manque aussi et ne sauroit avoir aucun effet légal relativement à ces mêmes lois.

Le domaine n'a pu être autorisé, même par les lois révolutionnaires, à mettre en vente que les biens appartenant à l'émigré déclaré tel par un jugement. Tous ceux, et c'est la presque totalité, contre lesquels cette formalité indispensable n'a pas été remplie, n'ont pu être passibles, avant le jugement qui devoit les prononcer, des peines portées par les décrets.

La loi n'est exécutoire contre un accusé qu'autant qu'un jugement est venu déclarer la présence du délit et l'identité de la personne. L'état même d'accusé ne commence qu'avec le jugement, comme l'état de condamné ne peut se manifester qu'après. Alors toutes les peines que la loi porte contre le crime, sont prononcées contre l'accusé qui en est reconnu coupable. Avant, les peines légales sont suspendues, et ne peuvent être appliquées, puisqu'il est possible que le jugement n'en ordonne pas l'application.

En supposant, chose inadmissible, que les émigrés restassent soumis aux prétendues lois de l'émigration, une fois ces lois reconnues pour obligatoires, il faudroit les prendre avec toutes les obligations onéreuses ou favorables qu'elles imposeroient par les dispositions de toute nature qu'elles contiennent. Dans cet état des choses, les émigrés, contre qui il n'a pas été prononcé de jugement même par contumace, contre qui il n'existe qu'un état de prévention qu'il leur seroit libre de purger, auroient le droit qu'a tout prévenu de se faire juger. Si la procédure démontroit qu'il n'y a pas lieu à accusation, ou si, après avoir déclaré qu'il y a lieu à accusation, elle se terminoit par un jugement d'absolution, ne leur devroit-on pas une réparation entière d'une exécution anticipée, qui les auroit, en violation de la loi même invoquée contre eux, rendus passibles de peines qu'aucun jugement n'avoit prononcées, et dont un jugement viendroit de les absoudre?

Or, en suivant cette supposition, tout aussi raisonnable que la prétention hautement affichée de vouloir faire considérer comme des lois obligatoires, des actes qui, ne l'ayant jamais été de droit, ont cessé de l'être de fait, nous aurions à amener sur la sellette de leur tribunal criminel respectif, tous les émigrés dont aucun jugement n'a fixé le sort selon les lois qu'on veut leur appliquer. Ils viendroient, en vertu du droit qu'a tout prévenu de demander des juges, essayer de se relever, les uns de l'amnistie qui pèse encore sur eux depuis le sénatus-consulte du 6 floréal an X, les autres des peines que, par exception, le même acte leur a spécialement réservées.

S'ils succomboient, les premiers resteroient sous le poids humiliant d'une loi qui leur fait grâce, tandis que les derniers, et dans ce nombre est votre Roi, avec vos princes et les plus constans serviteurs de leur exil, convaincus d'avoir rompu leur ban, porteroient leur tête sur l'échafaud, que par privilége la loi révolutionnaire, la plus favorable aux émigrés, leur a insolemment laissé en partage.

Mais si, au contraire, ces prévenus d'émigration parvenoient à se faire juger non coupables, si même il leur étoit possible de n'être pas déclarés en état d'accusation, pourriez-vous refuser à la puissance des lois révolutionnaires que vous auriez violées par l'exécution anticipée d'un jugement qui vous manquoit, de leur rendre compte des biens dont, même d'après la législation la plus rigoureuse et la plus inique, vous les auriez illégalement et injustement dépouillés?

Soyez justes, du moins d'après la justice que vous avez choisie, et si cette justice absout les émigrés, convenez donc que vous ne pouvez leur refuser vous-mêmes une réparation proportionnée à la grandeur et au caractère de l'injustice.

CHAPITRE XIII.

De la condition des émigrés considérée sous le rapport de la législation légitime.

Lorsque vous osez invoquer l'autorité de ces prétendues lois, que votre raison n'admet pas plus que votre conscience, osez aussi les mettre à exécution, autant dans l'intérêt de la justice telle qu'elles l'ont faite, que dans l'intérêt même de ceux qu'elles oppriment, et qui verroient du moins leur sort décidé ; osez, après avoir accepté pour les crimes de la rébellion l'oubli commandé par l'indulgence du pouvoir, ne conserver de ce qui s'est passé que le droit usurpé d'opprimer encore vos victimes ; osez traîner devant des tribunaux renouvelés de l'époque sanglante dont vous voulez faire revivre les lois, ces Français qui crurent voir la patrie partout où étoit le Roi Français et le drapeau national ; osez y condamner en masse ceux qui furent toujours vos frères, et qui seroient absous par le malheur, s'ils ne l'étoient par la vertu ; osez enfin appliquer une loi meurtrière contre celui-là qui seul peut donner la loi, juger celui de qui émane toute justice, condamner le Roi qui pardonne, supplicier le père de la grande famille dont vous êtes membres.....

Vous reculez devant ces affreuses, mais trop justes conséquences de vos prétentions désordonnées...... Admettez donc une législation qui les repousse, la législation légitime; son action bienfaisante réparera tous les maux en excusant toutes les erreurs, fixera toutes les positions en classant tous les intérêts; et, sans nuire aux droits acquis, qu'elle protége à l'égal des droits les plus naturels, rendra pleinement à chacun la justice qui lui est due.

Placés sous son influence, réparatrice de longues infortunes qui furent le prix de leur respect pour les institutions de leur pays, de leur noble dévouement à la cause sacrée de leurs Rois, les émigrés verront paroître enfin dans leur éclat, des jours de bonheur et de glorification, que la présence du Roi sur le sol de la patrie et les lois qu'il a données à son peuple, ont depuis long-temps fait éclore pour eux.

Ils peuvent se présenter, non comme des supplians qui demandent une grâce qui peut toujours être refusée, mais comme de dignes Français qui réclament la justice de celui qui mieux que personne connoît le mérite de leurs services, et qui plus que personne est intéressé à leur en accorder le prix.

Ce prix qu'ils ambitionnent, ce ne sont point

des récompenses qui diminueroient à leurs yeux la noblesse de leur dévouement, c'est l'application à leur égard des principes les plus simples de la justice, qui ne veut point qu'on reste puni pour avoir fait son devoir; c'est l'exécution la plus entière des lois données par le pouvoir légitime, qui, en les réintégrant, autant que l'intérêt des tiers pourra le permettre, dans leur premier état, prouvera par le fait solennel de cette juste réparation, qu'ils n'ont jamais rien fait pour mériter de le perdre.

C'est à titre de justice, qu'en vertu du principe et du dispositif des lois légitimes, les seules qui leur soient applicables, les émigrés demandent non ce qu'ils ont gagné, mais ce qui leur est dû; non ce qu'à la rigueur ils pourroient réclamer comme prix de services rendus, mais seulement l'équivalent des pertes qu'ils ont éprouvées dans leur fortune, la restitution, soit en nature, soit en argent, des biens dont la rébellion victorieuse les a violemment dépouillés.

La violence et l'injustice ayant vu tomber leur empire, ne seroit-ce pas le continuer que d'en laisser subsister les effets monstrueux sous le règne de la justice? Oui, sans doute, et c'est ce que la légitimité du pouvoir n'a pas dû faire, c'est ce qu'elle n'a point fait, car les lois protectrices des droits légitimes l'ont authentiquement proclamé : *les émigrés sont relevés de la mort civile* dont les avoient frappés des actes abolis à jamais, et dans leur principe et dans leurs effets réparables.

La Charte, les lois, les ordonnances qui ont signalé les premières époques du premier retour du Roi légitime, concourent à solenniser la justice due *aux Français qui*, selon l'expression touchante du monarque., *l'ont consolé au dehors.*

Cette justice qui a pu leur être refusée par l'usurpation, auteur de l'injustice, ne sauroit leur être déniée, lorsque la légitimité, ayant réuni l'empire à l'autorité, permet enfin que ce qui n'a jamais cessé d'exister de droit, existe de fait, et que la seule législation obligatoire, la législation légitime, exerce sa douce influence sur tous les intérêts qu'elle avoue et qu'elle protége.

CHAPITRE XIV.

De la mort civile, et de ses effets en général.

Le propre de la mort civile est de tuer comme citoyen l'individu qui en est frappé, de ne laisser de lui qu'un être passif qui n'est plus pour la cité, mais qui peut revivre pour elle, si la société qui l'a frappé de cette mort fictive juge à propos de l'en relever. Ici il y a une distinction essentielle à établir.

L'homme frappé de mort civile peut en être relevé à deux titres différens : à titre de grâce, ou à titre de justice.

Dans le premier cas, la société n'étant obligée à rien, accorde une faveur qu'elle peut étendre ou restreindre à volonté ; c'est une commutation de peine, entièrement à la discrétion de celui qui exerce la souveraineté.

Dans le second cas, la société obligée de réparer un tort, n'est plus la maîtresse d'agir d'une manière arbitraire. L'homme absous d'un crime dont il est reconnu n'avoir pas été coupable, n'en sauroit porter la peine, qui tombe dès lors avec tous ses effets. La justice qui fait qu'il est déclaré innocent, le remet au même état où l'avoit trouvé la condamnation.

Si la mort civile a emporté avec elle la peine de la confiscation des biens, dans le cas de grâce, la restitution peut être nulle, partielle, ou entière, selon qu'il plaît à celui qui exerce la souveraineté ; dans le cas de justice, la restitution est entière, et doit, autant que possible, effacer les traces de la confiscation.

Les lois romaines définissent la restitution : « un bénéfice que la loi accorde à celui qui a » été lésé dans un acte où il a été partie, pour » le remettre au même état où il étoit avant » cet acte, s'il y a juste cause de le faire. »

Perezius, que nous aimons à citer d'après M. Dard (1), établit que, dans le cas de la restitution en entier, le restitué recouvre tout à la fois sa dignité, sa réputation et tous ses biens, ou le prix de ces biens, s'ils ont été vendus par le fisc.

Cette dernière opinion renferme toute la jurisprudence de notre législation légitime sur les émigrés dont ainsi les droits naturels sont parfaitement établis, sans nuire aucunement aux droits également légitimes acquis par des tiers. Nous trouvons ici, d'un côté, l'Etat débiteur du prix de la propriété, à défaut de la restitu-

(1) Opinion d'un jurisconsulte sur diverses questions concernant les dettes contractées par les émigrés. Page 30.

tion en nature, de l'autre l'acquéreur, légitime propriétaire d'un bien qui, quoique injustement et illégalement vendu, n'en est pas moins présumé acheté de bonne foi.

Lorsque nos Rois accordoient aux familles des condamnés un *don de confiscation*, les biens qui en faisoient partie, ainsi restitués à titre de grâce, étoient considérés comme des acquêts; mais lorsque l'innocence des condamnés étoit reconnue, lorsqu'il y avoit réhabilitation, les biens restitués à titre de justice, étoient considérés comme des propres. Les acquêts constituoient un état tout nouveau de propriété; les propres étoient supposés, par une fiction du droit, n'être jamais sortis de la main du propriétaire. Les premiers étoient réellement la propriété de l'Etat, qui pouvoit les donner aux familles pour adoucir l'effet souvent trop rigoureux d'une juste condamnation, tandis que les seconds étoient regardés comme ayant toujours appartenu à ceux que l'on reconnoissoit n'avoir dû jamais en être dépouillés.

Si nous pouvions invoquer la faveur des lois révolutionnaires, dont il est impossible de reconnoître l'autorité, nous y trouverions le développement des mêmes principes. Nous allons rapporter ici une partie du texte du décret du 21 prairial de l'an III; qui détermine le mode de restitution des biens des condamnés. On y verra les effets de la confiscation, maintenus quant aux malheureux que le décret persiste à juger coupables, tomber entièrement quant à ceux dont il reconnoît, *ou dont il présume l'innocence.*

« La Convention Nationale, considérant que, » par son décret du 14 floréal dernier, elle a » maintenu le principe de la confiscation des » biens à l'égard des conspirateurs, des émi- » grés, des fabricateurs ou distributeurs de » faux assignats et de fausse monnaie, et des » dilapidateurs de la fortune publique;

» Que néanmoins, considérant l'abus que » l'on a fait des lois révolutionnaires, l'im- » possibilité de distinguer par des révisions les » innocens des coupables, et qu'il y a moins » d'inconvéniens, et plus de justice et de » loyauté, à rendre des biens aux familles de » quelques conspirateurs, *que de s'exposer à » retenir ceux des innocens*, elle a décrété que » les biens des condamnés révolutionnairement » depuis l'époque du 10 mars 1793 (vieux » style), seroient rendus à leurs familles, sauf » les exceptions, et sans qu'il soit besoin de ré- » vision des procédures......., décrète ce qui » suit. » (Suit le dispositif du décret en conformité de ce considérant.).

Si, dans le mode de restitution indiqué par la section II du décret, la justice est froissée en ce que les frais de gardien et de séquestre sont laissés à la charge des restituables; qui, d'un autre côté, au lieu de recevoir en cas de vente la valeur des meubles ou immeubles vendus, n'ont droit qu'au prix de la vente, payé ou payable au Trésor public, il ne faut accuser que l'inconséquence de ces temps-là, où naturellement un peu d'injustice et de violence perçoit toujours jusque dans les actes, en principe les plus justes et les plus généreux.

Le décret n'en statue pas moins que les biens meubles ou immeubles de toute sorte provenant des condamnés innocens, ou présumés tels, seront rendus à leurs familles *dans leur état actuel;* si la restitution n'est pas dans le fond aussi complète qu'elle devroit l'être, elle est du moins entière dans la forme; si l'Etat ne veut point payer de ses deniers les pertes ou les dépréciations que les objets de la restitution ont éprouvées, soit par la vente, soit de toute autre manière, du moins ne veut-il pas bénéficier sur ce qu'il a entre ses mains, soit en argent, soit en nature. La justice tranchante de cette époque ne pouvoit pas aller au-delà. Mais, il doit suffire qu'elle ait reconnu comme absolu le principe de la restitution, à titre de justice, pour qu'il nous soit permis d'en tirer toutes les conséquences, et de les faire admettre par le gouvernement légitime, qui ne sauroit compatir avec une justice tronquée.

La mort civile, justement et légalement portée contre un coupable, l'assimile, quant aux effets civils, au criminel qui a justement et légalement porté sa tête sur l'échafaud : c'est le dernier supplice *civil* que la société fait subir à un membre qu'elle a été forcée de priver de l'existence du citoyen. La peine étant conforme à la justice et à la loi, tous les effets en subsistent, tant que la société ne juge pas à propos de les annuler ou de les affoiblir.

La mort civile, injustement ou illégalement prononcée, est au contraire un assassinat *civil* de l'homme qui en est frappé dans son existence comme citoyen. La peine étant reconnue appliquée en opposition à la justice et à la loi, aucun de ses effets ne sauroit subsister plus long temps, sans être un outrage public à la majesté des lois et à la sainteté de la justice.

CHAPITRE XV.

De la mort civile par rapport aux Emigrés.

Les principes sur la mort civile, et sur ses effets divers selon la légitimité ou l'illégitimité de la cause qui l'a produite, étant établis, il sera facile d'en faire l'application à l'état des émigrés, qui ne peuvent se trouver dans une position mixte, mais bien dans l'un des deux cas que nous venons de définir, et qui les constituent coupables ou innocens; obligés de demander grâce, ou autorisés à invoquer la justice; n'ayant à réclamer que des secours qu'on peut leur refuser, ou fondés à poursuivre une restitution, soit en argent, soit en nature, qu'on est forcé de leur accorder.

La seule présence sur le sol de la patrie, du Roi légitime reprenant l'empire là où il avoit toujours eu l'autorité, a suffi pour relever de fait, de la mort civile, les émigrés qui n'en avoient jamais été frappés de droit.

S'il pouvoit en être autrement (et la seule supposition seroit un sacrilége), le Roi, en sanctionnant les lois qui ont dépouillé les émigrés, en les déclarant coupables selon ces mêmes lois, se jugeroit coupable lui-même, puisqu'il étoit proscrit pour la même cause, et qu'il a été dépouillé par les mêmes actes, privé non pour un temps, mais à tout jamais, non seulement de ses biens, de son droit d'hérédité à la couronne, mais même de sa qualité de Français. Le Roi, par une pareille sanction, se mettroit en opposition évidente avec le droit qu'il a de la donner. Dès lors, soit que ces lois fussent exécutées à la rigueur, soit que le Roi fît grâce, il agiroit toujours contre sa propre personne, que, dans le cas le moins rigoureux, il entacheroit de l'humiliante faveur d'une amnistie, établissant ainsi une monstrueuse contradiction entre son état impossible d'amnistié et sa qualité indélébile de souverain.

Louis XVIII, comme c'étoit son droit et son devoir, ayant daté le commencement de son règne depuis la mort de Louis XVII, *roi dans les fers;* ayant, soit pendant le règne de l'enfant roi, soit depuis la captivité de Louis XVI, exercé l'autorité légitime, autant que la rébellion victorieuse pouvoit le permettre, tous les actes qui ont été publiés par des pouvoirs usurpateurs, depuis la captivité de Louis XVI, sont de droit nuls et non avenus, puisque, depuis cette dernière époque, soit comme lieutenant-général du Royaume, soit comme régent, soit enfin comme roi, lui seul a eu le droit de donner des actes obligatoires, ou de les rendre tels par sa sanction.

Telle est son autorité, que rien n'a pu discontinuer, et contre laquelle rien ne sauroit prévaloir. En reprenant l'empire, il a pu adopter les actes dont la force des choses lui faisoit une nécessité de consacrer les faits matériels constituant des droits acquis de bonne foi, et par conséquent dignes d'être rendus légitimes.

Mais tous les principes et toutes les conséquences qu'il n'a pas cru devoir sanctionner, ayant perdu la force matérielle qu'ils tenoient de l'usurpation, et n'obtenant pas la force de justice, que la légitimité leur refuse, sont tombés, puisqu'ils se sont trouvés repoussés à la fois, et par le fait, et par le droit.

Ainsi, tout ce qui a été fait par de prétendus pouvoirs qui n'émanoient pas du pouvoir légitime, et qui n'a pas été sanctionné par la volonté royale, n'a jamais eu d'action obligatoire.

Dans la question des biens *dits* nationaux, tandis que la vente en a été rendue irrévocable par la volonté expresse du Roi, qu'exprime l'article IX de la Charte, le principe de cette vente, que Sa Majesté n'a pas cru devoir sanctionner, a disparu avec tous ses effets illicites.

Les émigrés, affranchis des actes d'injustice que la violence avoit fait peser sur eux, et rentrés de fait dans la jouissance des droits de citoyen et de propriétaire, qu'ils n'ont jamais légalement perdus, peuvent réclamer, sinon leurs biens vendus, puisque cette vente a été rendue irrévocable par la sanction royale, du moins une indemnité équivalent à la valeur de ces mêmes biens, puisque le Roi, ne pouvant en admettre le principe ni les effets, n'a point sanctionné les actes d'usurpation qui les en avoient injustement dépouillés.

Les émigrés n'ont jamais été de droit frappés de mort civile; ils ont cessé de l'être de fait par la présence sur le sol de la patrie de celui qui, n'ayant jamais cessé d'avoir l'autorité, reprenoit l'empire. Les lois révolutionnaires contre les émigrés ont cessé d'exister de toute manière. Si elles avoient conservé quelque pouvoir après le rétablissement en France du pouvoir légitime, le Roi, avec sa famille et les fidèles serviteurs de la légitimité, exceptés avec nos princes de l'amnistie du 6 floréal an X; eût donc été exposé, à son apparition sur le territoire français, à se voir traduit, lui et les siens, devant une commission militaire qui, dans les vingt-quatre heures, eût dû appliquer la loi, dans sa rigueur toute particulière, contre cette classe *privilégiée* d'émigrés. Il faut bien se résoudre à ajouter que cela n'eût eu lieu, que cela n'auroit lieu encore qu'*en vertu des lois existantes*, si l'on persiste à classer au nombre de nos lois légitimes, de nos lois obligatoires, les lois régicides sur l'émigration.

La restitution, en nature ou en argent, des biens des émigrés, ne sauroit être moindre, sans doute, que celle que la Convention Nationale elle-même avoit ordonnée pour les fils des condamnés qu'elle jugeoit ou présumoit innocens, si l'on considère surtout que, dans l'appréciation de leur conduite politique, comme dans leur position de droit et de fait, le Roi, les princes royaux et les autres émigrés, ne peuvent pas être jugés moins favorablement par le gouvernement légitime que ne le furent, par la Convention, les condamnés, dont la presque unanimité avoit souffert et combattu au dedans pour la même cause que les émigrés défendoient au dehors. Le gouvernement légitime ne pourroit du moins se refuser à rendre aux émigrés l'invendu qui reste en ses mains, et le prix qu'il a reçu des ventes qui ont été faites, d'après l'exemple donné par la Convention elle-même, qui déclara ne vouloir s'approprier rien de ce qu'elle avoit en son pouvoir, appartenant à des Français *présumés innocens*.

La justice veut qu'il fasse plus encore, et qu'admettant, pour les émigrés, la restitution à titre de justice, que la Convention avoit admis pour les condamnés, il fasse, autant qu'il sera en son pouvoir de le faire, rentrer les émigrés dans l'état où les ont trouvés les actes révolutionnaires qui, violemment et par injustice, les ont frappés de mort civile. « Il est évident, dit un » illustre-maréchal (1), que, les causes des con- » fiscations et des séquestres ne subsistant plus, » les confiscations et les séquestres sont anéan- » tis du jour que la patrie a reçu dans son » sein des enfans trop long-temps séparés » d'elle. »

Certainement, en fait, et d'après le cours irrésistible des affaires sous les divers régimes de l'usurpation, les effets produits par les lois sur l'émigration ont existé; l'Etat a usé de la qualité de propriétaire des biens des émigrés, quoique rien n'ait pu la lui donner; ces biens ont été matériellement incorporés au domaine de l'Etat; les émigrés enfin, injustement frappés de mort civile, et opprimés par une force

---

Opinion de M. le maréchal Macdonald, duc de Tarente, prononcée à la Chambre des Pairs le 3 décembre 1814, dans la discussion relative au projet de loi du 5 décembre de la même année. (*Journal des Débats*, du 8 décembre.)

réelle, n'ont pu exercer dans leur patrie, livrée à la tyrannique domination de leurs persécuteurs, aucun de leurs droits, ni agir librement comme propriétaires.

Mais en droit, la double qualité de citoyen et de propriétaire ne leur ayant jamais manqué, ils ont pu en reprendre l'exercice et en recueillir tous les fruits, du moment que la force de la justice, dominant la violence des factions, a rétabli dans la France, lasse de la tourmente révolutionnaire, l'empire de la légalité sur l'illégalité, de l'ordre sur le désordre, du fait sur le droit, de la légitimité sur l'usurpation.

CHAPITRE XVI.

Déclarations royales relevant les émigrés de la mort civile, à titre de justice. Charte constitutionnelle. Ordonnances des 4 juin et 21 août 1814.

L'article IX de la Charte, que l'on invoque vaguement, et dont on parle plus d'une fois sans l'avoir lu, a-t-il été, en général, justement apprécié? Nous ne le croyons pas. On s'est fait une sorte d'habitude de le regarder comme un privilége exclusivement accordé aux acquéreurs des propriétés que l'on appelle *nationales*, lorsqu'il ne fait que consacrer les droits de tous les propriétaires.

La propriété, bouleversée par les actes de la révolution, avoit besoin d'une garantie qui lui donnât de la fixité Le pouvoir légitime pouvoit la lui donner par une loi; mais, fidèle à sa destination, qui est de proclamer la loi et non de la faire, il dut regarder autour de lui, pour voir ce qui existoit, et consacrer tout ce qui étoit, ou pouvoit être présumé légitime.

Des propriétaires avoient été injustement dépouillés de leurs biens; des acquéreurs en avoient la possession depuis long-temps; des intérêts innombrables se groupoient autour des possesseurs ; d'autres intérêts, moins nombreux peut-être, mais fort respectables, prêtoient leur force sacrée aux anciens propriétaires. En résultat, il y avoit deux propriétaires pour une même propriété ; et il falloit faire un choix.

S'il avoit été permis à la justice du Roi de considérer les détenteurs des biens litigieux comme n'ayant pas un droit légitime à la propriété, la question eût été bien facilement décidée : le droit ainsi étant d'un côté, de l'autre l'absence de tous les droits, rien de plus simple que de déclarer le propriétaire, puisque dès lors il n'y en eût eu qu'un seul, le véritable propriétaire.

Mais un titre d'acquisition qui, comme tous les titres, pouvoit être contesté, pour être successivement ou infirmé, ou reconnu valide, avoit envoyé en possession les détenteurs actuels. Convenoit-il de soumettre tous ces titres de nouvelle propriété à une contestation qui, en y comprenant les nouveaux et les anciens intérêts, eût mis en jeu presque toutes les familles de France ? Eût-il été possible de suivre dans toutes leurs ramifications les droits particuliers qui se rattachoient, sous tous les rapports naturels à la propriété, aux biens qui eussent fait l'objet du litige ? Non, sans doute ;

et il eût été plus que probable que, dans ce conflit général de tant d'intérêts et de tant de passions, la justice eût souvent été refusée au bon droit, tandis que la faveur, ou une sorte d'indulgence, eussent presque toujours accueilli l'intrigue, et secondé la mauvaise foi.

Placé dans cette alternative pressante, ou de livrer des titres de propriété à des contestations de cette nature, et qui pouvoient avoir de fâcheux résultats, ou d'admettre les titres sans contestation, et par conséquent de garantir légitimement à tous les possesseurs, sans exception, la qualité de propriétaires, le souverain législateur se décidant pour ce dernier parti, qui, tout en laissant peut-être quelque injustice en repos, présentoit en définitive de moins graves inconvéniens, présuma toutes les acquisitions faites de bonne foi, et en conséquence garantit également l'inviolabilité de toutes les propriétés.

Ce fut pour consacrer cette éminente pensée que l'article IX de la Charte prit naissance. Dès lors le droit de propriété, respecté jusqu'au scrupule, n'eut plus à craindre la moindre atteinte, puisqu'ayant à choisir pour leur donner ou leur laisser la jouissance de la propriété, entre les anciens et les nouveaux propriétaires, le souverain législateur préféra les derniers, par la seule raison que les uns et les autres étant également habiles à posséder, il étoit plus sage de laisser jouir les possesseurs actuels, pour ne pas renouveler l'opération tumultueuse du déplacement de la propriété.

Cette dernière considération fut la plus puissante de toutes, et détermina particulièrement l'acte du souverain législateur; car, ainsi que nous l'avons dit déjà, l'Etat pouvoit aussi réintégrer les premiers propriétaires, en faisant aux possesseurs évincés tous les paiemens de restitution de prix, de dommages et intérêts, et autres, résultant de l'éviction, dont il étoit garant en sa qualité de vendeur.

Il préféra, dans l'intérêt de la tranquillité publique, disposer des propriétés vendues comme s'il les eût achetées, se réservant, en conséquence, d'en payer le prix à l'ancien propriétaire. C'est ce qui résulte de la disposition de l'article IX de la Charte, ainsi conçu :

« Toutes les propriétés sont inviolables,
» sans aucune exception de celles qu'on appelle
» *nationales*, la loi ne mettant aucune diffé-
» rence entre elles. »

En interdisant ainsi aux premiers propriétaires toute action civile pour évincer les détenteurs de leurs biens, le souverain législateur a acquis à l'Etat la qualité d'acheteur; car, sans cela, il n'eût pu faire acte de vendeur; et il n'a pu agir à ce titre qu'en se reconnoissant, par le fait, débiteur, non seulement du prix qu'il avoit déjà reçu des nouveaux propriétaires, mais de la valeur réelle, du prix enfin que vaudroient ces biens entre les mains des anciens propriétaires. Aussi, l'auguste auteur de la Charte s'est-il empressé de déclarer ce principe de justice, dans l'article qui suit immédiatement.

« L'Etat, dit l'article X, peut exiger le sacri-» fice d'une propriété pour cause d'intérêt » public légalement constaté, mais avec une » indemnité préalable. »

Le sacrifice imposé aux anciens propriétaires a été légalement constaté par l'article IX. Les Français ainsi dépossédés pour cause d'intérêt public, puisque celui qui est la providence de la patrie l'avoit ainsi déterminé, ont dû se soumettre à cet acte de pleine souveraineté, qui commande à la fois le respect et la confiance. Ici la lettre de la loi, entièrement d'accord avec son esprit, repousse toute fausse interprétation.

C'est avec une indemnité préalable que l'Etat peut exiger le sacrifice d'une propriété, selon le texte formel de l'article X de la Charte; ce ne peut être qu'avec l'intention bien formelle de rendre aux anciens propriétaires la valeur réelle de leurs biens, que l'Etat est considéré, par l'article IX, comme acheteur, et par conséquent comme ayant le droit de disposer des propriétés ainsi achetées.

N'ayant point à parler ici des propriétés nationales provenant de la vente des biens du clergé, et qui peuvent avoir des règles moins rigoureuses, mais seulement de celles que la spoliation la plus injuste et la plus illégale avoit enlevées aux familles, nous dirons, quant à ces dernières, que la déclaration du souverain législateur les concernant, proclame hautement, par la garantie même de propriétaire, qu'il a cru devoir donner aux détenteurs, le droit des familles, injustement et illégalement dépouillées par la violence révolutionnaire, à recevoir le prix des biens que dès lors on ne pouvoit plus leur rendre.

La protection de la loi civile manquoit aux détenteurs des biens, nouveaux propriétaires que la sagesse royale vouloit garantir de toute action civile qui eût pu les évincer ; il falloit leur donner la sauve-garde d'une disposition politique d'intérêt public : mais cette sauve-garde ne pouvoit être donnée que selon les règles de la justice, qui commande le respect de tous les droits légitimes, et selon les formes légales, établies par la légitimité même, qui veulent que le sacrifice du droit sacré de propriété, exigé pour cause d'intérêt public, soit du moins payé dans sa valeur matérielle à celui qui en reste toujours moralement frappé.

Les émigrés relevés de la mort civile par la présence du Roi légitime, et par des actes émanés de la légitimité, rentroient de droit dans l'état où les avoient trouvés les confiscations révolutionnaires. Propriétaires au même titre que tous les propriétaires légitimes, s'ils ne sont point rentrés en jouissance de leurs biens, ce n'est point parce que le Roi, leur chef d'infortune, a voulu (chose impossible et repoussée par la législation) consommer la spoliation de lois révolutionnaires, dont les dispositions impies et sacriléges pesoient encore plus particulièrement sur ses droits que sur ceux des autres émigrés; c'est parce que, protecteur naturel du droit de propriété, gardien impassible de l'ordre public, le Roi a cru devoir respecter la propriété là où elle se trouvoit, et imposer à ses sujets les plus dévoués un sacrifice qui lui paroissoit nécessaire au maintien de l'ordre.

Propriétaires légitimes, leur propriété n'a pu leur être enlevée qu'en admettant toutes les conditions de l'acte même qui leur interdit leur rentrée en possession. L'Etat en a exigé le sacrifice pour cause d'intérêt public, l'Etat s'est déclaré à leur égard débiteur de l'indemnité préalable que la loi accorde à tout propriétaire dépossédé pour la même cause. Et nul, sous la législation légitime qui abolit à jamais la peine de la confiscation, ne sauroit être dépossédé autrement. Sous tous les rapports de la justice et de la loi, l'État doit une indemnité préalable aux anciens propriétaires de qui le souverain législateur a exigé le sacrifice de leurs biens, comme il la devroit à tout autre propriétaire qui se trouveroit dans le même cas.

Voudroit-on jouer sur la disposition textuelle de l'article cité? prétendre qu'on ne doit pas l'indemnité à cette classe respectable de propriétaires dépossédés, parce que cette indemnité n'auroit pas été *préalablement* déterminée et payée ? Tout ce que l'on pourroit répondre pour réfuter cette étrange assertion, c'est que l'Etat doit l'indemnité, du jour que donnant la première déclaration authentique de l'irrévocabilité de la vente des biens nationaux, il s'est, par le fait, constitué débiteur envers les anciens propriétaires, du prix de leurs biens dont il a cru devoir disposer.

S'il pouvoit rester quelque doute sur le sens positif de l'article IX, il nous suffiroit d'en expliquer l'esprit par la disposition formelle qui se trouve énoncée en ces termes dans la déclaration de Saint-Ouen : « Les propriétés sont inviolables » et sacrées; la vente des biens nationaux est » maintenue. »

Cette disposition, émanée du souverain, proclame un principe et ordonne un fait. Le principe est celui du droit de propriété, qui ne peut pas plus être violé contre les familles des émigrés que contre les autres familles françaises ; le fait est celui du maintien de la vente des biens nationaux, qui s'arrête là, sans remonter à l'approbation du principe de cette vente, qu'il est loin d'approuver.

La vente des biens nationaux est maintenue dans l'intérêt des tiers, considérés comme ayant acquis de bonne foi, mais sans nuire aux droits des premiers propriétaires, toutes les propriétés, et par conséquent tous les droits de propriétaires, étant inviolables et sacrés.

La vente des biens nationaux est maintenue ; mais la peine de la confiscation, principe de cette vente, ne l'est pas, et ses effets, autres que ceux expressément réservés, demeurent anéantis. Si l'ancien propriétaire ne peut pas troubler le nouveau dans sa possession, il n'en est pas moins considéré comme ayant des droits inviolables et sacrés, qu'il peut exercer : d'une autre manière, c'est-à-dire, par la demande d'une indemnité; contre une autre partie, c'est-à-dire, contre l'Etat qui s'est rendu à son égard débiteur du prix de la propriété dont il a disposé.

La vente des biens nationaux est maintenue; mais *toutes les propriétés sont inviolables sans exception de celles qu'on appelle nationales, la loi ne mettant aucune différence entre elles;* et le propriétaire d'un bien patrimonial, sans violer la loi, ne sauroit être traité autrement que le propriétaire d'un bien national. Si l'Etat le prive de son bien, sans doute ce ne peut être que pour cause d'intérêt public, et, à ce titre, il se rend débiteur, à son égard, de l'indemnité que la loi accorde à tout propriétaire de qui l'Etat exige le sacrifice déjà assez pénible d'une propriété. Cette disposition de la loi étant une exception de rigueur, l'application ne peut en être plus rigoureuse que la loi ne l'a ordonné.

La vente des biens nationaux est maintenue par l'article IX de la Charte; mais la peine de la confiscation des biens est abolie par l'article LXVI, véritable renovation du même principe consacré dans loi du 21 janvier 1790, dont rien dans l'intervalle n'a de droit interrompu l'autorité; et par cette abolition, par cette reconnoissance de l'illégalité constante de la peine de la confiscation, tous ses résultats quelconques disparoissent avec la cause qui les a produits.

La vente des biens nationaux est maintenue ; mais, en supposant même que la peine anti-sociale de la confiscation eût pu être appliquée, tous les effets en seroient nuls, à l'égard des émigrés, depuis que la légitimité du pouvoir les a, à titre de justice, relevés de la mort civile dont les avoient injustement frappés des actes d'usurpation.

Le jour même de la proclamation de la Charte parut une ordonnance royale, fondée sur ce principe que les confiscations révolutionnaires étoient regardées comme non avenues par le pouvoir légitime. L'article Ier de l'ordonnance du 4 juin 1814, distrait effectivement de la dotation du sénat, réunie au domaine de la couronne, *les propriétés particulières, acquises par voie de confiscation, comme devant être rendues à leurs anciens propriétaires.*

Par l'ordonnance du 21 août suivant, le principe de justice, d'après lequel les émigrés sont relevés de la mort civile, est confirmé; et la restitution soit en argent, soit en nature, de leurs biens confisqués par l'usurpation, solennellement reconnue, comme étant de droit, par la légitimité du pouvoir. Il est essentiel de rapporter le texte de cette ordonnance, premier développement donné au principe de la législation légitime, de la législation obligatoire, relative aux émigrés et aux faits résultant de la confiscation révolutionnaire des biens des familles.

Louis, etc......, en publiant notre Charte constitutionnelle, nous avons dit « que le vœu le » plus cher à notre cœur est que *tous les Fran-* » *çais vivent en frères*, et que jamais aucun » souvenir amer ne trouble la sécurité qui doit » suivre un acte aussi solennel. »

« Cette déclaration et les dispositions de la » Charte constitutionnelle appellent également » tous les Français à la jouissance des droits » civils et militaires. *Dès lors les inscriptions sur* » *les listes d'émigrés ont été* EFFACÉES ; et nulle » différence n'a pu être admise, aux yeux de la loi » comme aux nôtres, entre les Français qui gé- » missoient de notre absence dans l'intérieur, » et ceux qui nous en consoloient au dehors. » Cependant, et en attendant la loi que nous » nous proposons de présenter aux deux » Chambres sur la *restitution des biens non ven-* » *dus*, nous avons jugé nécessaire de publier » *cette abolition*, de ne laisser aux tribunaux » et aux corps administratifs aucun doute sur » l'état des personnes, et de réserver spécia- » lement le droit des tiers, qui, en aucun

» cas, ne doivent être compromis. — A ces » causes, etc.

» Article 1er. Toutes les inscriptions sur les » listes d'émigrés, et encore subsistantes à défaut » d'élimination, de radiation, ou d'exécution des » conditions imposées par le sénatus-consulte » du 6 floréal an X, ou à quelque autre titre que » ce soit, sont et demeurent ABOLIES, *à compter du jour de la publication de la Charte » constitutionnelle*.

» Art. 2. En conséquence tous les Français » qui auroient été et seroient encore inscrits sur » lesdites listes, à quelque titre que ce soit, » exercent les droits politiques que cette Charte » leur garantit, et jouissent des droits civils » attachés à la qualité de citoyen ; sous la ré- » serve expresse des droits acquis par des tiers, » et sans y préjudicier. »

En vertu de cette ordonnance, il est établi que par le seul fait de la publication de la Charte, acte solennel d'autorité authentique qu'a fait le Roi légitime reprenant l'empire, les émigrés exercent les droits politiques que cette Charte garantit, et jouissent des droits civils attachés à la qualité de citoyen ; que nulle différence n'a pu être admise pour le monarque entre les Français qui gémissoient de son absence dans l'intérieur, et ceux qui l'en consoloient au dehors ; que les inscriptions sur les listes d'émigrés *demeurent abolies*, *sont effacées ;* que les biens non vendus doivent être *restitués :* dispositions positives qui toutes concourent à faire considérer la restitution des biens des émigrés comme étant faite à titre de justice, et devant en conséquence être entière, soit qu'elle ait lieu en nature, soit qu'elle s'opère en argent.

En réservant les droits acquis à des tiers auxquels elle déclare ne vouloir point préjudicier, l'ordonnance confirme le principe dans ce qu'il a de plus important : le paiement de l'indemnité à raison des biens vendus par l'Etat.

Ces tiers, dont elle réserve expressément les droits acquis, ne peuvent être les créanciers des émigrés, dont la position améliorée par l'*abolition*, par *l'effacement* des listes de l'émigration, par la réintégration proclamée de leurs débiteurs dans tous leurs droits politiques et civils, donnoit toute la garantie possible à leurs titres, bien loin de les affoiblir.

En effet, si, avant la législation légitime sur les émigrés, ceux-ci pouvoient opposer à leurs créanciers la mort civile dont ils étoient frappés et la confiscation qui s'en étoit suivie, toutes circonstances de force majeure qui, les privant à la fois de leurs droits et de leurs biens, devoient en bonne justice les affranchir de toutes charges et de toutes poursuites, il leur devenoit impossible de présenter avec le même avantage les mêmes moyens d'opposition, lorsque de droit ces moyens cessoient d'exister, et que, par divers actes, le législateur annonçoit devoir les faire tomber de fait.

L'esprit de l'ordonnance repoussant cette supposition, nous sommes obligés d'en établir une autre plus raisonnable, et c'est ce qu'il nous a été possible de faire après avoir examiné si ces tiers, dont l'ordonnance place les droits acquis sous une réserve expresse, ne seroient pas plutôt les acquéreurs des biens d'émigrés.

Cette supposition se change en certitude, lorsque nous considérons que l'intérêt de propriété des détenteurs de cette espèce de biens, étant le seul que la restitution, à titre de justice, touchât de près, c'étoit aussi le seul que l'ordonnance royale dût rassurer. L'*abolition*, l'*effacement* des inscriptions sur les listes d'émigrés, la réintégration des émigrés dans tous les droits, indiquant une restitution à titre de justice, entière, et devant, selon le droit rigoureux, remettre les émigrés *au même état* où la mort civile et la confiscation les avoient trouvés, il étoit naturel, il étoit juste, que le Roi fît la réserve des droits des acquéreurs des biens vendus, garantis par l'article IX de la Charte, afin que personne ne pût se méprendre sur ses véritables intentions, et dans aucun sens ne pût douter du but de l'ordonnance.

Cette réserve expresse faite par l'ordonnance royale, des droits des tiers acquéreurs, suppose la consécration du principe de la restitution à titre de justice; car, sans cela, la réserve seroit sans but. S'il n'étoit question que d'une restitution à titre de grâce, d'une restitution facultative, partielle, et qui pouvoit se borner à la remise des biens non vendus, il eût été inutile de rien disposer dans l'ordonnance pour rassurer les acquéreurs qu'une pareille restitution ne pouvoit inquiéter en aucun cas.

Mais l'ordonnance, au contraire, indiquant dans son esprit et dans l'ensemble de ses dispositions une restitution à titre de justice, une restitution en entier, elle a dû déclarer par la réserve dont le principe se trouve dans l'article IX de la Charte, que ce ne seroit point en nature que se feroit la restitution des biens vendus, puisqu'ils devoient rester entre les mains des acquéreurs, comme étant leur propriété; et que cette partie de la restitution s'opéreroit de manière à ne pas violer à l'égard, des tiers, le principe constitutionnel de l'inviolabilité des propriétés nationales.

L'ordonnance qui, dans son préambule, parle

en termes formels de la restitution des biens non vendus, qu'une loi future devoit régler, et que celle du 5 décembre 1814 a ordonné en partie, a indiqué par cette réserve expresse en faveur des tiers acquéreurs, la restitution en argent du prix des biens vendus ; le tout en conséquence du principe dont elle est empreinte, et qu'elle ne fait que consacrer, d'après le droit existant par la seule présence du Roi, chef des émigrés, sur le territoire de la patrie, de la restitution, à titre de justice, absolue et en entier, à l'égard des Français dépouillés de leurs biens par l'usurpation victorieuse, pour le seul fait de leur fidélité à la légitimité dans la détresse.

Les termes de l'ordonnance sont si précis à cet égard, qu'ils ne peuvent laisser le plus léger doute dans les esprits habitués à admettre l'évidence et à reconnoître la justice. Les inscriptions sur la liste des émigrés étant *abolies*, *effacées*, il n'y a plus dès lors aucune trace de l'émigration, ni de ce qui s'y rapporte ; puisque, après ces opérations rigoureuses, il ne doit plus rien rester de ce qui exista, n'importe à quel titre, quant à l'émigration et aux émigrés.

Si, dans les lois révolutionnaires, *la radiation* d'un émigré opéroit une restitution à titre de justice, en nature pour les biens non vendus, et en argent pour les biens vendus, comment, sous l'influence du pouvoir légitime, *l'effacement* bien plus absolu dans la forme que *la radiation*, comment *l'abolition* et de la peine et de l'application de la peine, pourroient-ils ne pas produire les mêmes effets ?

La Charte et les ordonnances des 4 juin et 21 août 1814, donnent un démenti solennel à qui feindroit de les croire moins justes, moins conséquentes que les actes émanés des pouvoirs d'usurpation. Le principe de la restitution à titre de justice y est consacré, pour l'application en être faite dans les temps les plus opportuns, selon la situation des finances de l'Etat. C'est ce que prouvera jusqu'à l'évidence la plus palpable, l'examen auquel nous allons nous livrer sur le projet de loi du 5 décembre 1814, l'exposé de ses motifs, la discussion qui en a précédé le vote dans la Chambre des Députés, et le texte même de la loi.

Il paroissoit convaincu que la restitution à opérer à l'égard des émigrés, devoit l'être à titre de justice, cet illustre maréchal, qu'il est impossible de ne pas citer souvent dans cette noble cause, lorsqu'il disoit à la Chambre des Pairs le 10 décembre 1814, en développant son immortelle proposition de l'indemnité : « Dans » le plan d'indemnité que je conçois, je ne pro- » poserai point que les dédommagemens à

» accorder aux anciens propriétaires soient
» fixés précisément à la proportion établie pour
» les autres créanciers de l'Etat : *on pourroit*
» *supposer qu'il s'agit d'une liquidation fondée*
» *sur des droits réprouvés par la Charte, si l'on*
» *suivoit exactement cette proposition.* »

CHAPITRE XVII.

Exposé des motifs du projet de loi du 5 décembre 1814, par M. Ferrand, ministre d'Etat. Rapport de M. Bedoch. Préambule de la loi.

Le 13 septembre 1814, M. Ferrand, ministre d'Etat, non moins recommandable par les qualités éminentes de son esprit que par son dévouement éprouvé à la plus sainte des causes, se présente à la Chambre des Députés, pour exposer, au nom du Roi, les motifs d'un projet de loi, *relatif à la restitution aux émigrés de leurs biens non vendus.*

Dans la séance du 17 octobre, M. Bedoch, rapporteur nommé à la majorité de cinq voix contre quatre, par la commission chargée d'examiner le projet de loi, voulant en attaquer l'esprit, qui toutefois étoit conforme à tous les précédens de la Charte et des ordonnances royales, et ne pouvant diriger contre le projet même une censure qui n'en eût été que plus irrespectueuse et plus inconvenante, s'avisa de prendre pour point de mire de la violence de ses attaques inconstitutionnelles, le discours que M. Ferrand avoit prononcé au nom du Roi, et que M. Bedoch feignit de considérer comme l'expression des opinions particulières de l'orateur.

M. Bedoch ayant cru pouvoir se permettre une pareille imputation au sujet des motifs d'un projet de loi solennellement exposés par ordre et au nom du Roi, nous nous croyons autorisés par M. Bedoch lui-même, qui justifie cette prétention en nous en donnant l'exemple, à considérer comme l'expression de ses opinions particulières, le rapport que M. Bedoch a fait à la Chambre au nom de la commission ; et nous sommes d'autant plus raffermis dans cette croyance, en voyant la demande d'impression à six exemplaires de ce rapport, rejetée par la Chambre, en voyant surtout, *sur quarante* orateurs qui furent entendus dans cette discussion, *cinq seulement* être favorables aux opinions manifestées par M. Bedoch, et la Chambre partager cette réprobation par son vote.

Ce qu'il y a de plus admirable dans les opinions particulières de M. Bedoch, dont il auroit pu nous épargner le sacrilége développement dans un rapport fait à une Chambre de Députés du royaume de France, sur un projet de loi présenté au nom du Roi de France, c'est cette assurance imperturbable avec laquelle M. le rapporteur fait l'historique des lois révolutionnaires qui ont banni, dépouillé, assassiné civilement les émigrés, depuis la première jusqu'à la dernière, jusqu'à ce sénatus-consulte d'amnistie, du 6 floréal de l'an X de la république, qui, sous un nombre infini de conditions aussi humiliantes que vexatoires, permet à ces dignes Français le retour dans leur patrie; en exceptant toutefois de ces faveurs singulières le Roi, les Princes, ainsi que les émigrés qui étoient plus spécialement attachés à leur service ou à leur personne. Pour ne point gêner les conséquences qui découlent tout naturellement des opinions particulières de M. Bedoch, il eût fallu que le Roi, le Roi lui-même, descendant de son trône, fût venu se présenter devant une commission militaire, ou devant le tribunal criminel de son département, pour y être jugé d'une manière un peu *acerbe*, sans doute, en vertu de la plus bénigne des lois, si complaisamment citées par M. Bedoch, comme formant un corps de législation obligatoire. Si telles sont les opinions particulières de M. Bedoch, il voudra bien permettre à la timidité de notre conscience de ne point les adopter, et de leur préférer les opinions moins effrayantes de la presque unanimité de ses collègues et de la

France, qui n'ont pas cru devoir être de l'avis un peu tranchant du rapporteur.

Cette *erreur* capitale est la source de toutes les autres erreurs particulières à M. Bedoch, qui, dans une question où il s'agit de rendre justice à d'anciens propriétaires injustement dépouillés, s'évertue à prendre la défense des droits de propriété des acquéreurs, que personne ne songe à attaquer. « Le Roi, s'écrie-t-il, » n'a et ne peut avoir, au fond de son cœur, » que la ferme volonté de tenir les promesses » qu'il a faites. » Et là-dessus M. le rapporteur a l'air de croire que le discours de M. Ferrand est une violation des promesses royales, parce que ce ministre propose, au nom du Roi, une loi de restitution possible, *impatiemment attendue par un grand nombre de sujets dévoués et recommandables, dépossédés depuis plus de vingt ans, qui se sont noblement résignés à cette longue privation, mais qui souffriroient doublement, s'ils la voyoient encore se prolonger* (1). »

Franchement, il nous est impossible de concevoir en quoi cet acte de justice, que recommandent puissamment les longs malheurs des victimes, pourroit être en opposition avec les promesses du Roi. D'abord le Roi n'a rien

---

(1) *Moniteur* du 14 septembre.

promis ; il a fait plus, il a, dans toute la majesté de la puissance souveraine, déclaré de la manière la plus authentique, l'inviolabilité des propriétés nationales, à l'égal des autres propriétés; et cette déclaration est à jamais irrévocable, tant que le pouvoir légitime, qui l'a donnée exercera son autorité en France. Le projet de loi si violemment attaqué, dans l'exposé de ses motifs, par M. Bedoch, bien loin d'infirmer cette déclaration, lui prête une nouvelle force, en ce qu'en résultat, il tend à corroborer la garantie constitutionnelle donnée à la propriété nationale, de toute la faveur de cette appréciation morale qui ne vient que de l'opinion, et sans laquelle toute propriété seroit privée de sa véritable valeur.

Que l'on fasse, ou que l'on ne fasse pas des lois de justice pour les anciens propriétaires des biens nationaux; qu'on mette ces lois à exécution, ou qu'on les laisse dans un oubli criminel, la garantie de l'inviolabilité des droits des propriétaires actuels n'en sera pas moins assurée, tant que les lois qui l'ont donnée auront quelque empire. Mais si les lois qui doivent réparer l'injustice commise à l'égard des anciens propriétaires ont une action réelle, bientôt les traces de l'injustice, s'effaçant dans tous les esprits comme dans toutes les consciences, emporteront avec elles l'oubli de cette différence de prix, qui existe de fait entre un bien patrimonial et un bien national; ce qui, n'en déplaise à M. Bedoch, ne sera rien moins que fâcheux pour les propriétaires actuels de biens nationaux.

Le Roi n'a point promis de continuer la spoliation révolutionnaire, de sanctionner, par son pouvoir légitime, l'oppression ordonnée par des actes d'usurpation contre une partie de ses plus fidèles sujets. Ainsi, sans violer des promesses qu'il n'a faites que d'après les opinions particulières de M. Bedoch, le Roi a pu relever de fait, comme ils en étoient relevés de droit, ces malheureux et dévoués serviteurs, de l'injustice qui pèse si fortement sur eux depuis un quart de siècle.

A l'appui de ses opinions particulières, M. Bedoch cite l'exemple de Henri IV, qui voulut, dit-il, en vain rendre à la famille du duc de Biron, les biens confisqués en vertu de la condamnation qui avoit frappé ce maréchal, la cour des comptes s'y opposant par le motif que jamais on ne pouvoit revenir sur les confiscations. M. le rapporteur, que nous venons de voir confondre le principe de la confiscation avec l'irrévocabilité de la vente des biens confisqués, confond ici avec la même habileté la confiscation résultant d'une condamnation juste et légale, avec la confiscation provenant d'une condamnation injuste, ou ordonnée même sans condamnation préalable.

Biron ayant été condamné selon les formes légales, et avec des circonstances aggravantes qui ne permettoient pas de réhabiliter sa mémoire, sans doute il étoit impossible, d'après nos lois, d'éteindre les confiscations, *en restituant, à titre de justice*, les biens confisqués à la famille du condamné maintenu coupable. Mais si Biron avoit été exécuté dans sa personne et dans ses biens, sans avoir été jugé, c'est-à-dire, s'il avoit été assassiné *civilement;* ou bien si le jugement qui l'avoit condamné à cette double peine, soumis à une révision, eût paru injuste et eût motivé une déclaration qui eût établi l'innocence du condamné, d'après ces mêmes lois dont M. Bedoch invoque l'autorité, la famille du condamné déclaré innocent, relevée à titre de justice de la confiscation, n'en auroit-elle pas vu tomber généralement tous les effets? ne seroit-elle pas rentrée dans l'entière possession des biens dont l'absence d'un arrêt de condamnation, ou dont une condamnation reconnue injuste l'auroit violemment dépouillée?

Telle est la condition des émigrés et de leurs familles. Il n'existe, en général, aucune condamnation qui précède la confiscation de leurs biens, quoi qu'en dise M. Bedoch, contre l'opinion contraire de ses honorables collègues, et notamment celle de M. Faget de Baure, développée dans un discours dont la Chambre a ordonné l'impression (1). Il y a eu simple prévention, acte d'accusation, si l'on veut, contre les émigrés en masse; mais, en général, la condamnation manque, et ne peut être invoquée contre eux. Et, en supposant qu'il fallût admettre comme une condamnation, et une condamnation bien légale, bien régulière, bien positive, cette inscription, sujette à tant d'erreurs volontaires et involontaires, sur des listes simplement administratives, resteroit toujours à examiner si le principe de ces étranges condamnations est juste, et si l'on ne pourroit pas reconnoître l'innocence des prétendus coupables.

Or, la présence du Roi sur le sol de la patrie, de retour d'une émigration bien plus rigoureuse pour lui, quant aux lois révolutionnaires qui l'avoient incriminée, qu'elle ne l'a été pour la masse de ses compagnons d'exil, ayant relevé tous les émigrés de la mort civile, les ayant, par conséquent, affranchis de fait de tous les effets de toute nature qu'elle avoit pu produire,

(1) Séance du 27 octobre 1814. *Moniteur* du 29.

et qui de droit n'avoient pu les atteindre, la question est jugée pour tous les Français qui répugnent à mettre en question la culpabilité de leur Roi, résultant des lois dont l'application la plus favorable n'offriroit d'autre expectative qu'un nouveau régicide *légal*.

Les opinions particulières de M. Bedoch paroissent plus courageuses, et sont soutenues par des raisonnemens auxquels il n'y a rien à répondre. C'est ainsi, par exemple, que M. le rapporteur prouve la légalité des premiers actes de spoliation, par l'autorité tout aussi légitime d'autres actes de spoliation qui ont suivi; et toutefois il appelle un principe tout-à-fait fondamental, un principe sur lequel la société entière repose, le principe de la propriété. On se demande pourquoi M. Bedoch peut concilier ces propositions si disparates. Comment, après avoir ainsi préconisé le principe du droit de propriété, qui n'est autre que la justice, il peut trouver si naturelles ces lois monstrueuses de la révolution, qui ont si scandaleusement outragé la justice, en violant le droit de propriété? Pourquoi, en défendant avec un zèle si empressé les droits des propriétaires actuels de biens nationaux, qui doivent sans doute être respectés, mais que personne n'attaque, il se plaint avec tant d'amertume de cette justice accordée enfin aux droits des anciens propriétaires, qui, depuis si long-temps, ont subi les attaques les plus injustes, les plus violentes, et malheureusement les plus victorieuses? La justice, principe du droit de propriété et de l'ordre même, seroit-elle la justice, si, accordée partiellement, elle étoit, en conséquence, partiellement refusée? Un principe n'est point de circonstance, et n'agit point par exception; il existe pour tous les temps et pour tout le monde: nul ne peut se plaindre de la justice qu'on accorde à son voisin, et qu'on ne lui dénie pas à lui-même.

Les attaques violentes dirigées par M. Bedoch contre les motifs du projet de loi, exposés au nom du Roi, par M. Ferrand, s'expliquent par le peu que nous venons de rapporter des opinions particulières de M. Bedoch. Il étoit prudent de faire connoître le censeur, pour faire apprécier le mérite de la censure. Dire que le discours de M. Ferrand est aussi constitutionnel et raisonnable que celui de M. Bedoch l'est peu, seroit à présent superflu. Une autorité que M. Bedoch lui-même ne pourroit récuser, quoiqu'elle soit bien légitime, le Roi a jugé les fausses imputations de M. le rapporteur, en rendant à celui qui étoit si indécemment accusé toute la justice que commandoit la position élevée où l'avoit placé, dans cette importante occasion, la confiance éclairée du monarque.

Si M. Ferrand avoit pu, contre son devoir et contre l'usage, placer ses opinions particulières à la place de l'inspiration royale, rien de plus juste et de mieux mérité que l'indignation qu'auroit excitée un pareil oubli des convenances et des formes législatives; rien de plus certain que la privation subite d'une auguste confiance dont, par là, le ministre se seroit déclaré indigne. La réprobation des honnêtes gens se seroit signalée par la voix puissante de l'opinion, et quelque signe de disgrâce eût manifesté le mécontentement du Roi.

Mais l'opinion du dehors, la presque unanimité des orateurs de la Chambre, la Chambre elle-même, repoussèrent ces accusations hasardées; et LE ROI, qui, mieux que personne, devoit savoir à quoi s'en tenir sur ce qu'elles pouvoient valoir, se jugea si peu offensé des motifs exposés en son nom, il les trouva si peu éloignés de son auguste volonté, que, huit jours après la lecture du rapport de M. Bedoch, le Roi chargea M. Ferrand, récemment dépositaire d'un portefeuille *par interim*, de présenter un nouveau projet de loi (1), dans la même enceinte, témoin du scandale donné par M. le rapporteur, et d'en exposer les motifs à cette même tribune où le premier discours de M. Ferrand, au nom du Roi, avoit été prononcé, et qui naguère retentissoit, contre ce ministre, d'une accusation de lèse-majesté, jugée à sa juste valeur par cette marque expressive de la satisfaction royale.

Cette manifestation solennelle de la pensée du monarque suffira, sans doute, pour effacer jusqu'à la plus légère trace de ce que peut avoir dit M. Bedoch, dans un discours où, mettant réellement en jeu le monarque lui-même, il n'avoit ainsi outragé ce que du moins sa position politique devoit lui rendre sacré, que pour avoir l'occasion de développer devant une honorable assemblée des opinions particulières, que, malheureusement pour M. Bedoch, elle fut loin de partager.

Mais il importe de dévoiler toute l'inconvenance et toute l'inconstitutionnalité de la conduite de M. le rapporteur; et nous ne croyons rien de plus propre à obtenir ce résultat, que de citer ici les fragmens les plus expressifs du discours de M. Ferrand, les fragmens les plus

---

(1) *Moniteur* du 28 octobre.

particulièrement soumis à la virulente investigation de M. Bedoch. On y verra clairement établie la doctrine de la restitution à titre de justice, résultant du principe existant de droit, et surabondamment consacré par plusieurs actes émanés du Roi. C'est un ministre parlant au nom du Roi lui-même, devant l'une des chambres de la législature. Ses paroles ne sauroient être indifférentes, puisqu'elles expriment solennellement la pensée du monarque, et que, dans leur incontestable authenticité, elles expliquent la loi en la motivant.

« La bienfaisante ordonnance du Roi (du » 21 août 1814), dit M. le ministre (1), en n'admettant aucune différence entre les Français, » n'a été que la déclaration d'un fait déjà existant. La loi que nous vous apportons aujourd'hui dérive de cette ordonnance ; elle reconnoît un droit de propriété qui existoit » toujours ; elle en légalise la réintégration....

» Vous vous empresserez de seconder les » vues du Roi : sans doute il doit jouir du bonheur de ceux à qui il va rendre leurs propriétés ; mais croyez aussi qu'il a besoin de » cette jouissance pour adoucir les regrets qu'il » éprouve de ne pouvoir donner à cet acte de

(1) *Moniteur* du 14 septembre.

» justice toute l'extension qui est au fond de son » cœur : grâce à la sagesse de son administra» tion, grâce aux principes que vous maintien» drez dans les recettes et les dépenses publiques, » il est permis de croire qu'un jour viendra où » l'état heureux des finances diminuera succes» sivement les pénibles exceptions commandées » par les circonstances actuelles.....

» Vous trouverez le Roi prêt à saisir toutes » les occasions, tous les moyens de restaurer la » France entière ; et vous ferez en sorte que ce » nom de *Désiré*, si spontanément, si justement » décerné par vous, et si promptement répété » par l'acclamation universelle, en ramenant » partout l'ordre et la tranquillité, ramène aussi » l'espoir dans le cœur de ceux dont le bonheur » doit être encore ajourné. »

En comparant cet exposé des motifs de la loi avec l'ordonnance du 21 août, qui ne voit que c'est le même esprit, les mêmes conséquences résultant d'un même principe : la restitution à titre de justice, due aux émigrés relevés par le pouvoir légitime de la mort civile, dont les avoient injustement frappés des actes d'usurpation ? Qui ne voit que l'ordonnance royale qui s'identifie si bien avec l'exposé des motifs de la loi, présentée au nom du Roi par un de ses ministres, dont il a pris soin de justifier le discours par une continuation solennelle de son auguste confiance, n'est elle-même qu'une conséquence toute naturelle du principe de justice, qui commande le respect le plus absolu du droit de propriété, et que le Roi, dans toute la majesté de la puissance souveraine, s'étoit empressé de consacrer par la déclaration de Saint-Ouen, et notamment par les articles IX, X, LXVI et LXVIII de la Charte constitutionnelle ?

L'ordonnance du 21 août, est même évidemment plus favorable aux émigrés, que ne le sont réellement l'exposé des motifs et le projet de loi qui en tirent leur origine. Nous ne donnerons qu'un seul point de comparaison, mais qui sera concluant, en ce qu'il est relatif à un fait matériel.

L'ordonnance avoit défini la loi future sur les émigrés : « *loi que nous nous proposons de présenter aux deux Chambres sur la restitution des biens non vendus* » ; ainsi la loi devoit régler, *sous la réserve expresse des droits des tiers*, c'est-à-dire, sous la réserve des droits des acquéreurs des biens vendus, la restitution non pas d'une partie, mais de tous les biens non vendus, de tous les biens meubles ou immeubles, qui n'étoient pas la propriété de tiers, et dont, par conséquent, l'Etat pouvoit disposer pour en faire la remise à leurs uniques propriétaires.

Ainsi devoient être compris dans cette restitution, en attendant que la situation plus heureuse des finances permît à l'Etat de la rendre complète par le paiement de l'indemnité à raison des biens vendus, toutes les propriétés immobiliaires et mobiliaires de toute sorte, que, sans nuire aux droits des tiers, l'Etat pouvoit rendre à leurs légitimes propriétaires. Telle étoit la promesse faite par l'ordonnance ; tel ne fut pas le dispositif du projet d'une loi qui étoit néanmoins destinée à remplir cette promesse solennelle.

On n'y voit en effet rien de statué sur la restitution des biens meubles, et une partie des biens immeubles non vendus, reste entre les mains de tiers qui n'y avoient aucun droit, n'en étant que les dépositaires ou les usufruitiers gratuits ; si même l'on peut considérer comme des tiers, des établissemens de service public, dont la comptabilité fait essentiellement partie de l'administration de l'Etat.

D'où put venir cette différence entre les promesses de l'ordonnance et le dispositif du projet de loi ? Le ministre, chargé d'en exposer les motifs, va nous l'apprendre : « Sans doute, dit-il, » le Roi doit jouir du bonheur de ceux à qui il

» va rendre leurs propriétés ; mais croyez aussi
» qu'il a besoin de cette jouissance pour adoucir
» les regrets qu'il éprouve *de ne pouvoir donner*
» *à cet acte de justice toute l'extension qui est*
» *au fond de son cœur.* »

Le 13 septembre, comme le 21 août, le Roi n'en portoit pas moins au fond de son cœur le vif désir de réparer l'injustice ; il n'en regardoit pas moins comme un *acte de justice* la restitution des biens des émigrés ; mais il regrettoit *de ne pouvoir;* et il ne pouvoit point, par la raison que l'état des finances ne permettoit pas encore de remplacer, pour les rendre à leurs légitimes propriétaires, les meubles ou immeubles qui servoient à des établissemens publics ; pas plus que de payer en argent le prix de ce qu'afin de maintenir le respect des droits des tiers, il étoit impossible de rendre en nature.

Le préambule de la loi, que M, Bedoch n'accusera pas d'exprimer les opinions particulières de M. Ferrand, et qui pourtant dit absolument les mêmes choses qui ont tant choqué les opinions particulières de M. Bedoch, confirme et la pensée du monarque, devenue la pensée de toute la législature, et l'impossibilité de donner alors plus d'extension à un acte de justice qui étoit au fond de tous les cœurs.

« Par notre ordonnance du 21 août, y est-

» il dit, *nous avons rendu à l'État civil* UNE » CLASSE RECOMMANDABLE *de nos sujets long-» temps* VICTIMES *de l'inscription sur les listes » d'émigrés.* En leur rendant *cette première jus-» tice*, nous avons annoncé notre intention de » présenter aux deux Chambres une loi sur la » remise des biens non vendus. Dans les dis-» positions de cette loi, nous avons considéré » le devoir que nous imposoit l'intérêt de nos » peuples, de *concilier un acte de justice » avec le respect dû à des droits acquis par des » tiers, en vertu de lois existantes ;* avec l'en-» gagement que nous avons solennellement » contracté, et que nous réitérons, de main-» tenir les ventes des domaines nationaux; » enfin, *avec la situation de nos finances*, pa-» trimoine commun de la nombreuse famille » dont nous sommes le père, et sur lequel nous » devons veiller avec une sollicitude pater-» nelle. ».

C'est donc évidemment *la situation des finances* qui seule alors a pu empêcher le Roi de rendre toute la justice qui étoit due à une classe *recommandable* (et par conséquent non coupable), de ses sujets, long-temps *victimes* (et par conséquent injustement proscrits), de l'inscription sur les listes d'émigrés. Le principe d'une juste réparation est consacré ; l'application n'en est que suspendue par une cause déterminée, pour avoir tout son effet lorsque cette cause ayant cessé d'exister, ne mettra plus d'empêchement à l'action bienfaisante de la justice.

Cette noble déclaration émanée du Roi, adoptée par les Chambres, solennisée par l'opinion presque unanime des orateurs qui ont parlé dans la discussion du projet de loi, forme la base écrite et authentique de la législation obligatoire, relativement au sort d'une classe recommandable de Français.

En examinant ce qui a été dit dans le cours de la discussion législative, nous verrons le principe et les conséquences de la réhabilitation solennelle des émigrés, développés avec un accord de sentimens, que rendent plus étonnant et plus précieux, l'assemblée qui en a donné le sublime exemple, élue en entier hors de l'influence du pouvoir légitime, et surtout l'époque où cet accord touchant s'est manifesté, et qui pouvoit plus naturellement être séduite par l'illusion de préjugés révolutionnaires.

CHAPITRE XVIII.

Discussion générale ouverte dans la Chambre des Députés, sur le projet de loi du 5 décembre 1814.

La discussion s'ouvre le 24 octobre (1). *M. Sartelon*, premier orateur, membre de la commission, monte à la tribune. Il demande que les rentes constituées dues par des particuliers à des émigrés, et qui se trouvent actuellement entre les mains de la régie, soient rendues aux anciens propriétaires, de la même manière que les rentes purement foncières, que l'article 9 du projet de loi leur accorde.

(Cet amendement donne lieu à une addition à l'article 9 de la loi.)

L'orateur s'élève contre le droit de confusion invoqué contre les émigrés, pour les priver des capitaux qui leur étoient dus par l'Etat. Les biens immeubles, confisqués, dit-il, ont été confondus aussi dans le domaine de l'Etat; et la loi en prescrit la remise. Mais il sent qu'il faut mettre des bornes même à la jus-

(1) *Moniteur* du 26 octobre 1814.

tice, et demande seulement qu'on admette en liquidation les rentes sur l'Etat existantes au 1er janvier 1790, pour les reconstituer au même taux que celles des autres citoyens; *il sent que la justice en exigeroit davantage.*

M. du Bouchet, deuxième orateur, combat la commission en ce qu'elle avoit soustrait irrévocablement à la restitution les biens d'émigrés affectés aux hospices, et à d'autres établissemens publics.

Il entre dans quelques détails sur une manière plus simple d'établir les décomptes des acquéreurs des biens nationaux, au profit des anciens propriétaires.

M. Dumolard, troisième orateur. « Messieurs, dit-il, nos braves, sous les drapeaux » du grand Condé, comme sous ceux de la » république, n'ont suivi que la ligne de » l'honneur. »

Passant à la classification des propriétés à restituer, l'orateur s'afflige de la triste conviction qui lui est restée, après toutes ses recherches, qu'une partie au moins de créances à la charge de l'Etat ne puisse être rendue à un grand nombre de familles malheureuses. Cependant il croit, avec la minorité de la commission, qu'on ne doit pas les priver de leurs droits sur les biens cédés à la caisse d'amortissement.

Il juge, contre l'avis de la majorité de la commission, que les immeubles détenus par la Légion-d'Honneur sont susceptibles d'être rendus à des époques déterminées par le gouvernement.

M. Petit de Beauverger, quatrième orateur, s'élève contre le principe de la confusion à l'égard des rentes dues par l'Etat, ajoutant que, *si les émigrés étoient, en l'an X, sous un régime d'amnistie, ils sont aujourd'hui sous un régime d'abolition.*

M. de Noailles, cinquième orateur : « La restitution doit embrasser, non seulement les » biens immeubles réunis au domaine de l'Etat » et à la dotation de la couronne, mais encore » les rentes constituées dues par le trésor » royal. »

L'amendement de la commission qui termine l'article 16, portant qu'il ne pourra être fait aux anciens propriétaires d'autres remises que celles ordonnées par la présente loi, blesse l'orateur, en ce qu'il croit y voir le dessein d'empêcher *la restitution des créances mobiliaires qui pourroient devenir le sujet d'une seconde loi.*

« Peut-être, dit M. de Noailles, est-il entré » dans les vues du gouvernement de remettre à » une autre époque pour vous en faire la pro-

» position; et c'est dans ce sens que j'ai entendu » le rapport du ministre qui vous a présenté le » projet de loi, quand il vous a dit *qu'il étoit » permis de croire qu'un temps viendra où l'état » heureux des finances diminuera successive- » ment les pénibles exceptions commandées par » les circonstances actuelles.* Mais si vous ajou- » tiez l'article 16, présenté par la commission, » vous anéantiriez dans ce moment les espé- » rances des émigrés créanciers de l'Etat, vous » arrêteriez la bienfaisance du Roi, vous met- » triez un terme *à votre justice.* »

(L'amendement de la commission fut rejeté.)

M. de Noailles propose un amendement relatif aux créanciers des émigrés qui rentreront dans leurs biens.

(Cet amendement, qui suppose une restitution de justice, et non pas un don de confiscation, est devenu, à quelques légères différences près de rédaction, l'article 14 de la loi.)

M. Darthenay, sixième orateur, après avoir fait remarquer les principales dispositions de la loi, et celle surtout qui réserve les droits des tiers, en consacrant le principe des droits légitimes des émigrés, principe impérissable, qui toutefois est subordonné, dans son application plus ou moins prompte, à l'état éventuel de nos finances, « rendons hommage, s'écrie-t-il,

» à cette scrupuleuse délicatesse ; mais que le » cœur paternel du Roi en trouve la récompense dans votre empressement à déclarer : » *que les mouvemens de sa bonté ont été arrêtés* » *par des considérations trop rigoureuses ; qu'il* » *pouvoit, et que vous deviez faire plus qu'il ne* » *demande.* »

M. Darthenay se résume en proposant les quatre amendemens ci-après :

1°. Les biens cédés à la caisse d'amortissement seront rendus aux émigrés qui en étoient propriétaires, ou à leurs héritiers ou ayans-cause.

(Cet amendement a formé la base de la disposition exprimée par le second paragraphe de l'article 2 de la loi.)

2°. Les propriétés sur les grands canaux d'Orléans, de Loing et du Midi, seront rendus à ceux qui en étoient propriétaires, ou à leurs héritiers ou ayans-cause, sans aucune des charges dont elles ont été grevées par le chef du dernier gouvernement.

3°. Les émigrés propriétaires de contrats de rentes sur l'Etat, ou leurs héritiers ou ayans-cause, seront inscrits sur le Grand Livre de la dette publique, pour le tiers de ces rentes.

4°. Le gouvernement fixera les époques de ces remises, etc.

Dans la séance du 25 (1), *M. Astorg*, septième orateur, monte à la tribune, et prononce un discours dont voici le résumé, avec quelques citations :

« Le premier attribut de la justice est le » maintien de l'égalité des droits dans la répar- » tition de ses bienfaits. »

La remise des biens non vendus paroît à M. Astorg une conséquence naturelle de l'abolition de la peine de la confiscation.

Le même principe de justice lui semble aussi exiger qu'il soit accordé une indemnité telle que peut le comporter la situation de nos finances, non seulement aux anciens propriétaires des biens desquels l'Etat a disposé en faveur de la Légion-d'Honneur, de la caisse d'amortissement et des hospices, mais encore *à tous les propriétaires des biens de la vente desquels il a reçu le prix*.

« On ne peut se dissimuler, ajoute l'orateur, » que, par l'effet de l'abolition des lois sur » l'émigration, les émigrés ne rentrent dans le » droit naturel et commun à tous les Français ; » que l'on ne peut leur opposer ni prescription » ni déchéance, puisqu'ils n'étoient pas habiles » à réclamer. D'après les mêmes principes de

(1) *Moniteur* du 26 octobre.

» justice qui déterminent en leur faveur la
» remise de leurs biens non vendus, ils doivent
» être réputés créanciers de l'Etat, à raison
» des sommes qu'il a perçues par la vente de
» leurs biens. S'il a employé ces sommes à sa
» libération dans des temps de crise, il n'en est
» pas moins débiteur; s'il a bénéficié, depuis
» plus de vingt ans, des intérêts de ce capital;
» si la pénurie des finances a prescrit la ter-
» rible réduction des deux tiers, y auroit-il de
» la justice à l'Etat de priver les émigrés, rap-
» pelés au droit commun, de ce qui forme leur
» unique ressource? Ne sont-ils pas les plus à
» plaindre de tous ses créanciers? *Cette ques-*
» *tion, que j'ai cru devoir aborder franche-*
» *ment, me paroît d'une extrême importance,*
» *sous les points de vue de la morale et de la*
» *paix publique.* »

L'honorable membre est si loin de révoquer en doute l'irrévocabilité des droits acquis à des tiers, que c'est, au contraire, pour assurer la tranquille possession des propriétaires actuels, qu'il s'est attaché à la mesure qu'il vient d'exposer.

Il pense que le système d'indemnité qu'il propose, ne seroit pas seulement un avantage pour des particuliers dont il adouciroit le sort, mais qu'il influeroit puissamment sur l'amélioration des propriétés qu'on appelle *nationales*, et, par les mutations qu'il favoriseroit, sur la prospérité de l'Etat.

M. Astorg termine son discours par une proposition conçue en ces termes :

« Article... Les biens invendus spécifiés à la » présente loi, seront rendus dans l'état où ils » se trouvent. »

« Sa Majesté sera suppliée de présenter, par » le budget de 1816, un crédit de 10 millions » d'inscriptions de rentes au Grand-Livre de la » dette publique, destinées à indemniser défi- » nitivement les anciens propriétaires de biens » cédés ou vendus, qui n'auroient eu aucune » part aux remises des biens invendus, restes » de comptes, et autres objets quelconques, » ou qui n'en auroient obtenu que dans une » proportion inférieure à l'indemnité déter- » minée à raison des pertes réelles que les émi- » grés justifieront avoir éprouvées. »

M. Durbach, huitième orateur (1), propose le rejet du projet, la radiation, sur les registres de la Chambre, du discours de M. Ferrand, *comme attentatoire aux lois fondamentales de l'Etat* (M. Durbach a oublié d'en donner les raisons), et l'adresse au Roi d'une proposition de

(1) *Moniteur* du 27 octobre.

loi ayant pour bases principales qu'aucun bien ne seroit rendu en nature, et qu'il seroit créé un fonds en rentes sur l'Etat, à distribuer entre tous les émigrés, relativement à leur âge, à leur état de célibataire ou de père de famille, et selon les pertes qu'ils auroient éprouvées.

(C'est *le premier* orateur opposant aux droits des émigrés ; mais du moins vouloit-il qu'ils eussent de quoi vivre.)

M. Goulard, neuvième orateur : « Toutes les » propriétés, dit-il, sont sacrées aux yeux de la » loi : aucune différence ne doit être mise entre » elles. Mais, après avoir consacré par la Charte » le principe de leur inviolabilité ; après avoir » assuré la jouissance paisible et inattaquable » des possessions acquises sous la foi des lois » existantes, *il est de notre devoir de reconnoître* » *que ce même droit de propriété fut atteint*, et par » conséquent qu'il falloit chercher des moyens » d'adoucir les maux de tant de Français qui » se sont dévoués pendant si long-temps à la » noble cause du Roi. »

M. Chilaud de la Rigaudie, dixième orateur, établit une question préliminaire qu'il juge de la plus grande importance (et elle l'est en effet); savoir : s'il étoit nécessaire de porter une loi sur cet objet, et si le projet présenté n'est pas inconstitutionnel, en ce qu'il porte atteinte à la prérogative du Roi, dans une occasion où son ordonnance devoit suffire.

« L'article 1er de l'ordonnance du 4 juin, » dit-il, qui distrait de la dotation de la cou-» ronne les propriétés particulières acquises par » voie de confiscation, comme devant être » rendues à leurs anciens propriétaires, prouve » que le Roi n'avoit pas besoin d'un acte légis-» latif pour effectuer les restitutions de ce » genre.

» Le projet doit donc être attaqué, non » parce qu'il rend une partie des biens confis-» qués au profit de l'Etat; mais parce qu'il ne » les rend pas tous.... Les émigrés sont solen-» nellement réintégrés dans leurs droits, et » par la Charte, et par l'ordonnance du » 4 juin 1814.

» Je vote pour le renvoi au gouvernement.

» Dans le cas où cette opinion ne seroit pas » adoptée, je vote pour la suppression des cinq » exceptions que le projet énonce, et je propose » un article additionnel ainsi conçu :

» Tous les biens mobiliers, ainsi que les » meubles, qui se trouveroient actuellement » entre les mains du gouvernement, ou dans » celles des administrations, seront également » restitués. »

M. le maréchal-de camp Augier, onzième

orateur, s'exprime en ces termes sur le projet de loi :

« La loi qui est proposée répond-elle à » l'attente générale? Je ne le pense pas. Elle ne » présente qu'une demi-justice ; il la faut rendre » tout entière. Il sied peut-être à un officier- » général de venir défendre les intérêts de ceux » dont il n'a pas toujours suivi les erremens. »

M. Delaville, douzième orateur, parle à peu près dans le même sens. « Le projet de loi, » dit-il, me paroît vicieux dans son ensemble, » en ce qu'il rend beaucoup aux uns, et rien du » tout aux autres; et cependant, *puisque toutes* » *les confiscations furent injustes, il faudroit* » *tout rendre, pour satisfaire à tout.* »

M. Laborde, treizième orateur, ouvre la séance du 26 octobre (1) en votant pour le projet de loi.

M. de Périgny, quatorzième orateur, et membre de la commission, déclare qu'il n'a point partagé l'avis de ses cinq collègues formant la majorité, sur plusieurs points qu'il développe.

L'honorable membre pense que le gouvernement n'avoit pas besoin de présenter le projet de loi soumis à la discussion. « L'abolition con-

(1) *Moniteur* du 28 octobre.

» sacrée par la Charte, dit-il, faisoit tomber
» de plein droit tous les actes en vertu desquels
» le trésor de l'Etat s'alimentoit de la spolia-
» tion des propriétés particulières. Mais, puis-
» qu'une loi est proposée, et que la Chambre
» est appelée à réparer les maux qu'ont éprou-
» vés et qu'éprouvent tant de familles, il faut
» qu'elle se pénètre de l'esprit qui a dicté cette
» loi. *Le Roi ne veut pas profiter des dépouilles*
» *de ses sujets.* »

(La Chambre ordonne l'impression de ce discours.)

M. Dampmartin, quinzième orateur, parle des causes de la révolution, et paie à la conduite des émigrés le tribut d'éloges qui lui est dû.

(La Chambre ordonne également l'impression de ce discours.)

M. Duclaux, seizième orateur : « La tour-
» nure que la discussion a prise, dit l'honorable
» membre, prouve que, loin d'être divisés sur
» le fond du projet de loi, les membres de la
» Chambre ne le sont que sur le choix des
» moyens qui peuvent être le plus favorables
» aux émigrés. On s'attendoit peut-être à de
» vifs débats, au milieu desquels leurs intérêts
» seroient attaqués au nom de l'intérêt public :
» loin de là, un sentiment unanime a régné,

» celui de venir promptement, et le plus efficacement possible, à leur secours, et presque
» tous les orateurs ont proposé de leur rendre
» beaucoup plus que le projet de loi ne leur
» accorde. En lisant attentivement un discours
» (celui de M. le ministre du Roi) auquel on
» a paru attacher peut-être une trop grande
» importance, j'ai été frappé de cette idée, qu'il
» eût été à désirer que, dans le discours du
» ministre, il y eût quelques phrases de moins
» pour les émigrés, et, dans le projet présenté,
» quelques dispositions de plus en leur faveur. »

M. de Prunelé, dix-septième orateur, développe comment, après avoir vu l'inutilité de sa déclaration du 23 juin 1790, le Roi ordonna à une partie des Princes de sa maison de sortir du royaume, afin de les garantir des effets de la tourmente qui se préparoit; comment, lorsque la Roi eut cessé d'être libre, des Français héroïquement fugitifs, voyant dans les membres libres de la maison de Bourbon, les véritables chefs de l'Etat, les pères de la patrie, quittèrent la France pour la servir.

« Je distingue *le fait du droit*, ajoute l'orateur; *je sens la puissance des choses;* mais
» je dis que le pouvoir légitime ne sauroit
» approuver, même tacitement, des principes
» qui ont eu pour conséquences des injustices

» que la prudence ou la nécessité imposeroit la » loi de laisser subsister.

» Je vote pour qu'on restitue aux émigrés, » à leurs héritiers ou ayans-cause, tous ceux de » leurs biens qui ne se trouvent point aujour- » d'hui possédés par des particuliers.

» Je vote pour que la Chambre se livre à la » recherche des moyens d'arriver à une tran- » saction qui concilie les intérêts des émigrés » expropriés avec ceux des acquéreurs de leurs » biens. »

M. Lalouette, dix-huitième orateur : « La » remise proposée, dit-il, est juste et politique; » mais il faut la combiner de manière à ne pas » troubler l'ordre public, à ne pas nuire à » l'intérêt général; rien ne doit être fait à titre » de restitution, à titre d'indemnité; mais à » titre de bienveillance. » (On ne voit pas trop pourquoi ce seroit troubler l'ordre public, que de rendre justice au lieu de faire grâce à une classe recommandable de Français dont le souverain lui-même fait partie. M. Lalouette est *le second* orateur opposant aux droits des émigrés; mais, à l'exemple de M. Durbach, veut-il du moins qu'ils ne meurent pas de faim.)

M. Bouvier, dix-neuvième orateur, croit l'amendement de la commission, sur le premier article du projet, contraire au principe qui dirige et à l'esprit qui anime la Chambre. (Cet amendement formoit les deux articles suivans du projet de la commission, qui ne furent point adoptés) :

« Article 1er. La mort civile encourue par » l'effet des lois sur l'émigration est abolie, à » compter du jour de la publication de la » Charte constitutionnelle.

» Article 2. Les mariages contractés en pays » étranger, pendant la durée de la mort civile, » seront valables, s'ils ont été faits selon les » formes prescrites dans les pays où ils ont eu » lieu, à la charge, par les époux ou leurs » représentans, de faire transcrire, dans le » délai de six mois, à compter de la publica- » tion de la présente loi, les actes de leurs » mariages sur les registres de l'état-civil de » leurs domiciles.

» Néanmoins, ces mariages ne pourront » point préjudicier aux droits acquis à des » tiers avant la promulgation de la Charte. »

M. Bouvier demande de quelle nécessité peut être une loi particulière pour rendre aux émigrés les droits de citoyens Français, qu'ils n'ont jamais perdus, et que les ordonnances du Roi ont consacrés comme un fait irrécusable.

(La Chambre ordonne l'impression de ce discours.)

M. Lefèvre-Gineau, vingtième orateur, prétend que les lois sur l'émigration ont été ratifiées par l'article LXVIII de la Charte.

Nous croyons inutile de répéter ici une réfutation qui se trouve toute faite dans notre chapitre VIII (1), où il est question des lois rendues en France en l'absence du pouvoir légitime. (M. Lefèvre - Gineau est *le troisième* orateur opposant aux droits des émigrés.)

M. Bouchard, vingt et unième orateur, ouvre la séance du 27 octobre (2) par un discours où l'on remarque le passage suivant :

« Le projet de loi, dit l'honorable membre, » propose de restituer les biens non vendus. » Pour prononcer sur cette question, c'est la » justice seule qu'il faut consulter. Il ne vous appartient pas même d'être généreux ; il ne vous » est pas permis de disposer du patrimoine » commun. Je n'examinerai pas si tout ce qui » a été fait est bien légitime. Les lois rendues » dans les temps de trouble participent du » désordre existant. Le juste et l'injuste sont

(1) Voir pages 48 et suivantes.

(2) *Moniteur* du 29 octobre.

» alors subordonnés aux circonstances. Mais, » pour juger si l'Etat peut être considéré comme » possesseur légitime des biens des émigrés, il » faut savoir s'ils peuvent être considérés » comme coupables, puisque c'est comme tels » que la confiscation et la mort civile furent » prononcées contre eux. Or, quel fut leur » crime? Leur attachement à la royauté et à la » famille royale : c'est parce qu'ils ont professé » des sentimens dont on s'honore aujourd'hui, » cet attachement au trône, qui est une vertu » politique et recommandable, que leur per- » sonne a été proscrite, et leurs biens confis- » qués. »

M. Faget de Baure, vingt-deuxième orateur, expose, dans un ordre chronologique très-circonstancié, le tableau de la législation sur les émigrés, et démontre, par cette succession d'actes donnés par les pouvoirs dominans, qu'aucun de ces actes n'ayant placé définitivement les émigrés dans un état de condamnation, sous le coup d'un véritable jugement, ceux-ci sont restés, jusqu'au 4 juin 1814, dans l'état de simple prévention; qu'ainsi, le seul fait du retour du Roi légitime, et les déclarations qu'il a données, suffisent pour valider les actes qu'ils ont pu faire, la mort civile n'ayant pas eu d'effet pour les émigrés en général. Il y a eu des listes;

elles formoient un acte d'accusation contre ceux qui y étoient portés. La condamnation manque, et ne les a jamais atteints (1).

M. Cardonnel, vingt-troisième orateur, vote pour le projet de loi, avec les amendemens suivans :

« 1°. Qu'il soit reconnu, en principe, que » tous les biens qui n'ont pas été vendus par » l'Etat à des tiers, doivent être rendus......

....

» 5°. Que les termes de paiement échus et » non payés (à raison de ventes par l'Etat), et » les paiemens des sommes provenant des » décomptes faits ou à faire avec les acqué- » reurs et de la liquidation des sommes encore » dues, seront faits administrativement ; que » les sommes en provenant seront versées dans » la caisse du domaine, qui en fera la remise » aux anciens propriétaires ou ayans-cause. »

(Ce dernier amendement a fait la base des modifications apportées à l'article 3 du projet, devenu, ainsi modifié, l'article 3 de la loi.)

(La Chambre ordonne l'impression de ce discours.)

---

(1) Voir pages 72 et suivantes, le chapitre XII sur l'*illégalité de la vente des biens des émigrés, en admettant même l'autorité des lois révolutionnaires.*

M. Olivier, vingt-quatrième orateur, demande une restitution de justice.

(La Chambre ordonne également l'impression de ce discours.)

M. le duc d'Estissac, vingt-cinquième orateur · « La spoliation qui a eu lieu, dit le noble » duc, pour être légale, n'en a pas moins été » injuste; voilà ce qui fonde les droits des » émigrés. La Charte constitutionnelle a validé » les droits des acquéreurs; la loi proposée n'a » rien à démêler avec eux. »

L'orateur s'élève contre l'article 16 du projet de la commission, portant que, « dans aucun cas et dans aucun temps, il ne pourra y avoir lieu à aucune indemnité en faveur des anciens propriétaires des biens vendus, ni leur être fait d'autres remises que celles ordonnées par la présente loi »; et demande que les rentes sur l'Etat appartenant aux émigrés, et qui ont été réunies au domaine public par confusion, soient *réadmises* et inscrites sur le Grand-Livre, sauf la réduction au tiers, ainsi que cela a eu lieu pour tous les créanciers de l'Etat.

M. le duc donne lecture d'un projet en quinze articles, conforme aux vues qu'il vient d'annoncer.

(La Chambre ordonne l'impression de ce discours.)

M. Verneilh de Puyraseau, vingt-sixième orateur, ouvre la séance du 28 octobre (1). L'honorable membre trouve la loi, dans son ensemble, aussi juste que nécessaire.

M. Silvestre de Sacy, vingt-septième orateur, tient à ce que l'on conserve dans la loi le mot *restitution*, parce que c'est le mot propre. « On » restitue, ajoute-t-il, un bien confisqué; on » rend un dépôt ou une amende consignée; on » remet un bien ou une propriété dont le » séquestre est levé. La loi ordonne la restitu- » tion; c'est le détenteur qui fait la remise......

» La subtilité seule pouvoit trouver des obs- » tacles à la remise des rentes constituées à ceux » qui ont des droits à ces créances. »

L'orateur repousse avec force l'amendement de la commission, dont elle avoit fait l'article premier de son projet. « Si une loi étoit néces- » saire, s'écrie-t-il, pour faire cesser la mort » civile, il en faudroit donc aussi pour annuler » ces lois de déportation qui bannirent de » France ce qu'elle a de plus auguste et de plus » cher; ces lois, qui défendoient aux descen- » dans de saint Louis, de Henri IV et de » Louis XIV, de fouler le sol de la pa- » trie..... »

(1) *Moniteur* du 30 octobre.

(La Chambre ordonne l'impression du discours.)

M. Truault de la Bouverie, vingt-huitième orateur : « Je conclus, dit l'honorable membre,
» à ce qu'en maintenant toutes les ventes faites
» en conformité des lois alors en activité, on
» restitue aux propriétaires tous les biens,
» toutes les rentes foncières ou constituées,
» pour lesquelles ces formes (de vente) n'ont
» pas été observées. Je n'en excepte ni la caisse
» d'amortissement, ni la Légion-d'Honneur,
» ni les bâtimens destinés au service public ou
» aux hospices, ni les canaux, pas même les
» meubles, etc....... »

M. Destourmel, vingt-neuvième orateur, pense qu'on ne sauroit trop s'empresser de faire, en faveur des émigrés, tout ce que *la justice* peut faire. « Leurs malheurs, dit-il, sont d'au-
» tant plus dignes d'intérêt que la plupart ont
» été forcés d'abandonner leur patrie pour fuir
» la mort inévitable dont ils y étoient mena-
» cés. »

M. Boirot, trentième orateur, vote pour l'adoption pure et simple du projet de loi.

M. le lieutenant-général Desfourneaux, trente et unième orateur, parle de gloire nationale, de justice due aux braves, et en tire la conséquence qu'il ne faut pas restituer les actions sur les canaux.

(C'est *le quatrième* orateur opposant aux droits des émigrés.)

M. Blanquart de Bailleul, trente-deuxième orateur, répondant au préopinant, rassure les braves sur la conservation de leurs dotations, et vote dans le sens du projet de loi.

M. Tanneguy-Leveneur, trente-troisième orateur, propose que la réintégration des émigrés dans leurs biens ne puisse donner lieu, à quelque titre que ce soit, à aucun droit d'enregistrement.

M. Deribes, trente-quatrième orateur, adhérant aux observations développées par M. Boirot, vote l'adoption du projet, à l'exception de ce qui concerne la caisse d'amortissement, étant d'avis que les biens qui lui ont été cédés doivent être compris dans la restitution.

(Cette exception, favorable aux émigrés, a fait la base du second paragraphe de l'article 2 de la loi.)

M. de Fourquevaux, trente-cinquième orateur, demande la restitution la plus entière de tout ce qui peut être à la disposition du gouvernement, en y comprenant le mobilier et les bijoux. « La Chambre, ajoute l'honorable

» membre, ne fera pas un acte de générosité, » mais *de pure justice*. C'est le moyen d'inspirer » une sécurité aux acquéreurs des biens natio- » naux.

» Je propose, en outre, par forme d'amen- » dement, que, d'ici au 1er juillet 1815, il soit » fait, dans chaque département, un relevé de » tous les biens vendus à des tiers;

» Que le capital de chacun de ces biens soit » évalué d'après les cotes d'impositions;

» Que le montant des intérêts de ce capital » soit déterminé au budget de 1816, pour être » réparti entre les anciens possesseurs de ces » biens, à dater du 1er avril de la même année.

» Par là, les biens acquis reprendront leur » première valeur; et le produit des mutations, » qui rentrera au trésor, le dédommagera de » ce sacrifice, et alors la justice aura été com- » plète. »

M. de Beaumont, trente-sixième orateur, témoigne le regret que la commission n'ait pas étendu, au lieu de restreindre, le bienfait de la loi. Il appuie l'amendement de M. Sartelon, pour la restitution au tiers consolidé des rentes dues à des émigrés par l'Etat, vote, contre l'avis de la commission, l'adoption de l'article 7 du projet de loi, concernant les hospices, en proposant même que les biens qui leur ont été cédés seront rendus à la fin de 1816.

(Ce dernier vote est venu se fondre, à l'exception de l'époque de la remise, que l'on n'a pas voulu déterminer, dans l'article 8 de la loi.)

L'honorable membre, en terminant son discours, propose un amendement qui rentre dans celui de M. de Noailles, relatif aux créanciers des émigrés, et devenu, ainsi modifié, l'article 14 et dernier de la loi.

La liste des orateurs étant épuisée, M. Bedoch, rapporteur, exprime le désir que les observations qu'il doit faire au nom de la commission, soient différées jusqu'au lundi, c'est-à-dire jusqu'au 31. La Chambre hésite à donner un si long délai pour une réplique qui paroissoit pouvoir être faite séance tenante.

M. Dupont croit qu'il seroit indispensable d'entendre, lundi, le ministre des finances avant M. le rapporteur. La Chambre se rend à cette considération, et décide, à la presque unanimité, que M. le ministre des finances sera invité à assister lundi à la séance, pour donner des explications sur le montant des revenus et des capitaux à restituer aux émigrés.

La séance du 31 octobre (1) s'ouvre. M. Bedoch demande à n'être entendu qu'après M. le ministre des finances, qui est au conseil du Roi. La Chambre accorde la demande, et décide qu'en attendant Son Excellence, elle entendra ceux de ses membres qui voudront parler sur la question.

M. Anglès, trente-septième orateur, demande la restitution aussi complète que possible, et l'indemnité à raison de ce qu'il sera impossible de restituer en nature.

(La Chambre ordonne l'impression du discours.)

M. Labbey de Pompières, trente-huitième orateur, propose l'article suivant comme devant être toute la loi :

« Article unique — Tous les biens immeubles » confisqués par les lois sur l'émigration, qui sont » invendus, ou dont il n'a pas été disposé par » des actes de gouvernement, seront remis entre » les mains de Sa Majesté qui est suppliée d'en » faire telle distribution qu'elle jugera conve- » nable entre ceux qui ont perdu leur fortune » en se dévouant à son service. »

(M. Labbey de Pompières est *le cinquième*

(1) *Moniteur* du 1er novembre.

orateur opposant aux droits des émigrés, à qui toutefois, à l'exemple de MM. Durbach et Lalouette, il veut qu'on laisse un morceau de pain.)

Enfin, *M. le baron Louis, ministre des finances*, arrive dans le sein de la Chambre: M. le ministre monte immédiatement à la tribune et parle en faveur du système de l'indemnité; mais en répugnant à l'idée d'inscrire des rentes sur le Grand-Livre avant d'avoir créé le revenu suffisant pour en assurer le paiement et l'amortissement.

Il déclare en outre qu'il lui a été impossible, vu le peu de temps qui a été à sa disposition, d'opérer le dépouillement complet des registres et la confection des Etats qui devroient présenter quel seroit, dans les systèmes proposés, *le montant des revenus et des capitaux à restituer.*

M. le rapporteur remplace à la tribune M. le baron Louis, et, dans une réplique qui n'est en général qu'une amplification de son premier discours, il cherche de plus fort à faire consacrer la spoliation des émigrés, essayant de repousser les amendemens d'amélioration qui ont été présentés par divers membres.

M. Bedoch s'oppose surtout vivement à la restitution des rentes dues par l'Etat. Il fait entrevoir un abîme à côté de cette disposition, selon lui, fort dangereuse ; abîme, dit-il, qui pourroit engloutir tous les moyens de prospérité nationale, en grevant, pour de très-longues années, les contribuables au-delà de toutes leurs facultés. (Il s'agit, d'après la réduction des deux tiers, d'environ 8 millions de rentes.)

M. le rapporteur parle encore de la confusion, mais il ne s'y attache pas ; il en vient à la compensation sans s'y arrêter davantage, *et revient à l'impossibilité des moyens de faire face à ce surcroît de paiement ;* impossibilité présumée, qui fut, dans toute cette discussion, la raison la plus forte et la seule concluante, apportée par les membres opposans.

Ainsi, il est bien reconnu que si M. le baron Louis avoit eu le temps de confectionner les états qui devoient présenter le montant des revenus et des capitaux à restituer, l'indemnité eût pu être ordonnée ; que, si M. Bedoch avoit vu la possibilité des moyens de faire face à un surcroît de paiement, il ne se seroit pas trop refusé à la justice qui est due aux émigrés. Douces espérances que dès lors le présent a léguées à l'avenir, d'un ministre plus expéditif au bien et d'un état de finances plus prospère ; deux choses merveilleuses, d'après M. Louis et M. Bedoch, dont on ne peut récuser l'opinion, pour répandre enfin la justice sur une classe recommandable de Français long-temps victimes d'une oppression, dont leurs plus chauds adversaires n'oseroient excuser les odieux motifs, ni les affreux moyens, ni les formes illégitimes.

CHAPITRE XIX.

Discussion des articles de la loi du 5 décembre 1814, dans la Chambre des Députés. Articles 1er, 2 et 16 du projet de la commission. Discours de M. Lainé.

On a dû remarquer avec quel empressement honorable pour la presque totalité de ses membres, le projet de loi fut accueilli par la Chambre des Députés et amélioré même dans plusieurs de ses dispositions principales.

C'est ainsi que l'article 2 fut augmenté d'un second paragraphe conçu en ces termes : « Les » biens qui auroient été cédés à la caisse d'amor- » tissement, et dont elle est actuellement en » possession, seront rendus, lorsqu'il aura été » pourvu à leur remplacement. » Addition importante qui, en augmentant la somme de la restitution légalisée, consacra ce principe de toute justice, que la caisse d'amortissement, pas plus que les autres détenteurs *non acquéreurs* de biens nationaux, ne peut être considérée comme un tiers, dans le sens de la garantie exclusivement réservée par l'art 1er aux acquéreurs, les seuls dont la Charte ait légitimé les droits.

C'est ainsi que l'article 3 relatif aux décomptes, ou autres objets dus par les acquéreurs des biens d'émigrés, fut modifié dans un sens plus favorable à ces derniers.

C'est ainsi que l'article 6 vint comprendre dans la remise opérée par l'Etat, les biens que le projet de loi n'y avoit pas compris, et que l'Etat avoit à sa disposition, provenant d'échanges faits avec des biens d'émigrés.

C'est ainsi que par le troisième paragraphe de l'article 8, l'excédant de la valeur des biens d'émigrés donnés en remplacement ou en paiement, dut être remis aux anciens propriétaires, à leurs héritiers ou ayans-cause.

C'est ainsi que l'article 9 porta l'addition de la remise des rentes constituées et des titres de créances dues par des particuliers, dont la régie étoit actuellement en possession.

C'est ainsi que l'article 14 fut ajouté, afin de consacrer ce double principe que la remise des biens, *à titre de justice*, entre les mains de leurs anciens propriétaires, ayant pour conséquence le paiement des dettes dont les biens étoient grevés antérieurement à la confiscation, cette libération néanmoins ne peut s'opérer que dans la proportion de la valeur reçue, et à compter de l'époque où s'opère réellement la remise des biens rendus. Nous reviendrons plus tard sur cette question importante.

Mais, si la Chambre des Députés en masse fut si favorable, surtout relativement aux circonstances, aux droits légitimes des émigrés, il n'en avoit pas été de même de la commission, où il est bon de rappeler que la majorité s'étoit formée dans la proportion de cinq contre quatre.

Nous ne parlerons pas de la restriction portée par l'article 7 du projet de la commission, et qui, si elle eût été adoptée, eût privé l'art. 4 de la loi de sa dernière disposition, relative à la remise des biens réunis au domaine par toute autre voie qu'à titre onéreux.

Nous ne ramènerons que foiblement l'attention sur cette rigueur de la commission, à faire disparoître les dispositions favorables à la remise plus ou moins rapprochée des biens dont l'Etat avoit disposé en faveur des hospices, maisons de charité et autres établissemens de bienfaisance; dispositions consolantes que l'article 7 du projet de loi avoit cru devoir consacrer, et que l'article 8 de la loi a étendues, bien loin de les restreindre.

Mais ce qui ne sauroit être indifférent ici, ce sont ces amendemens inconstitutionnels qui, dénaturant l'esprit de la loi, frappoient le principe même des droits des émigrés, en voulant, contre l'équité, le simple bon sens et cette pudeur légale qui ne sauroit perdre ses droits avec le pouvoir légitime, faire d'une loi de justice une loi de grâce, traiter comme des coupables amnistiés ceux qui, par leur fidélité à leurs devoirs, étoient même au-dessus de la justification, et mettre un frein à la justice que l'on devoit, en affichant une clémence sans motif.

Le premier de ces amendemens justement repoussés par la Chambre, se compose des deux premiers articles du projet de la commission, et a pour but de consacrer en principe que la législation révolutionnaire, ayant de droit et même justement frappé les émigrés de mort civile, les effets qui résultent de cette peine, dès lors légalement et justement appliquée, dont les émigrés par conséquent n'auroient été relevés qu'à titre de grâce, ne peuvent être annulés ou adoucis que selon le bon plaisir de la loi. Nous allons rapporter de nouveau ces deux articles, afin de ne laisser aucun doute sur les motifs du gouvernement qui ne les avoit point proposés, sur l'intention de la Chambre qui n'a pas voulu les adopter, et sur l'esprit de la loi dont ils n'ont pu faire partie.

« Article 1er. La mort civile encourue par
» l'effet des lois sur l'émigration, est abolie à
» compter du jour de la publication de la Charte

» constitutionnelle. » L'article 2, comme conséquence du premier, étoit relatif à la confirmation des mariages contractés en pays étranger *pendant la mort civile.*

La Chambre n'adopta point cet amendement en ce qu'il étoit contraire au droit établi, qui n'avoit pas besoin d'une consécration légale, quant au principe toujours existant, et déjà recueilli comme un fait dans des ordonnances royales; parce que cette adoption solennelle eût pu donner lieu à croire que le droit de réhabilitation n'étoit point inhérent à la personne des émigrés; parce que l'amendement, dans son ensemble, supposoit une mort civile des émigrés, qui n'avoit jamais existé de droit, et qui avoit cessé de fait par la seule présence du Roi légitime; parce qu'enfin les émigrés, n'étant point coupables, ne pouvoient être soumis à l'humiliante faveur d'une amnistie, ce qui fût arrivé, si la Chambre, secondant les vues de la commission, eût déclaré leur criminalité, en leur faisant remise d'une partie de la peine. La révolution vouloit amnistier la légitimité qui eût cessé d'être, si elle avoit pu subir cette monstrueuse opération.

Le second amendement, plus positif en ce qu'il étoit l'application du principe établi par le premier, mérite d'être rapporté avec la discussion intéressante à laquelle il donna lieu ; l'amendement étoit ainsi conçu :

« Article 16 (du projet de la commission) :
» Les biens seront rendus dans l'état où ils se
» trouveront actuellement, et *il ne pourra, dans*
» *aucun temps et sous aucun prétexte, y avoir*
» *lieu à aucune indemnité en faveur des anciens*
» *propriétaires des biens vendus, ni leur être*
» *fait d'autres remises que celles ordonnées par*
» *la présente loi.* »

La Chambre ayant repoussé cet amendement, il en résulte que, conformément à l'esprit de la loi du 5 décembre 1814, ainsi qu'à ses précédens et au principe de justice qui les avoit produits, la Chambre considère comme un acte de justice (selon l'expression formelle du préambule de la loi) ce que la commission vouloit consacrer comme un acte de faveur, et qu'elle regarde comme la seule jurisprudence admissible, toutes les dispositions contraires à celles que la commission vouloit faire prévaloir.

Ainsi, en opposition à l'article de la commission, que, d'accord avec le projet du gouvernement, la Chambre n'a pas voulu introduire dans la loi, la Chambre a pensé et la loi a proclamé, *qu'il pourroit venir un temps où l'indemnité auroit lieu en faveur des anciens propriétaires des biens vendus, où il seroit fait d'autres re-*

mises que celles ordonnées par la présente loi.

La Chambre a pensé et la loi a proclamé que cette restitution, à titre de justice absolue et complète, consacrée de droit et en principe, recevroit son exécution lorsque, selon la parole du Roi, manifestée par l'organe de son ministre, *le jour viendra où l'état heureux des finances diminuera successivement les pénibles exceptions commandées par les circonstances*; lorsque, d'après M. Bedoch lui-même, il n'y aura plus impossibilité des moyens de faire face à un surcroît de paiement; lorsque les ministres auront confectionné les états des revenus et des capitaux *à restituer*, auxquels sans doute, selon ce qu'en a dit M. le baron Louis, les ministres travaillent depuis la fin de 1814.

L'intention de la Chambre et l'esprit de la loi ne sauroient être douteux dans une question où presque tous les orateurs ont développé les mêmes opinions que le projet de loi avoit consacrées, et que la Chambre a adoptées par son vote. Nous avons fait connoître en résumé ce qui a été dit dans la discussion générale où *cinq orateurs seulement sur quarante*, en y comprenant M. le baron Louis, ont offert le spectacle d'une opposition qui ne fait que mieux ressortir la majesté des principes, défendus par une aussi imposante majorité. La discussion particulière, relative à l'article 16 de la commission, fut plus brillante encore, par tout ce que le sujet avoit d'intéressant, par tout ce que l'amour de la justice et l'éloquence la plus entraînante offrirent de grandeur et de sublimité.

Au nombre des orateurs qui plaidèrent la cause sainte des principes et de l'humanité, se distingue M. Lainé, dont la magnifique improvisation peut servir encore de règle à l'explication de la loi, puisqu'elle contribua si puissamment à lui conserver ce caractère de justice que le gouvernement lui avoit imprimé, et que la commission vouloit lui ravir.

« Le but de cette déclaration, dit l'hono-
» rable membre (1), ne peut être que d'enchaî-
» ner l'avenir....

» Une déclaration qui n'est autre chose
» qu'une menace, nuit au caractère, à la stabi-
» lité de la loi, et, si cette menace contient
» quelque chose de cruel, on peut dire qu'elle
» porte atteinte à la majesté de la loi même...

» Si cette déclaration pouvoit devenir la
» source de quelque injustice, combien ne seriez
» vous pas affligés de l'avoir inutilement in-
» sérée dans une loi ?

» Il me semble que cette déclaration pourroit

---

(1) Séance du 3 novembre, *Moniteur* du 5.

» dans l'avenir donner lieu à d'injustes ri-
» gueurs.

» Vous avez décidé que les effets mobiliers » ne seroient pas rendus ; et l'on doit respecter » votre décision. Mais c'est sans doute à cause » de l'état actuel des finances, c'est peut-être » aussi pour ne pas dépouiller les établissemens » publics Mais, si ces établissemens publics » pouvoient un jour s'en passer, ne seroit-il pas » injuste de les retenir ? Et ces livres qui ont » appartenu à d'anciens émigrés, ces livres » qui sont dans vos bibliothèques, faudroit-il » aussi ne pas les rendre, lorsqu'ils ne les de- » manderont que comme une consolation de » leur vieillesse ?

» Vous avez décidé, et l'on doit respecter votre » décision, que les biens affectés aux hospices » en remplacement de leurs biens aliénés, ne » leur seroient pas rendus. Mais si un jour des » âmes pieuses, en perspective même de la » remise qu'elles désirent, faisoient des dons » à ces établissemens créés à la fois par l'huma- » nité et la charité, ne seriez-vous pas heu- » reux de pouvoir faire ces remises, lorsque » les hospices auroient eu d'autres biens en » remplacement....?

» A cette séance vous venez de délibérer » aussi qu'il ne seroit accordé aucune indem-

» nité aux émigrés, à qui aucune remise n'au-
» roit été faite.

» Pourquoi la plupart d'entre vous (car je » crois lire dans vos cœurs) ont-ils refusé cette » modique indemnité (1), qui doit être le » dernier soutien du malheureux qui rentre » dans sa patrie, et qui, jusqu'à ce jour, avoit » été soutenu par l'étranger même? C'est, » j'ose le croire, à cause de l'indigence de la » patrie.

» Eh bien! si notre patrie étoit un jour dans » un état plus prospère; si l'activité du com» merce, la réunion des Français, les progrès » de l'industrie, augmentoient les ressources » du Trésor, comment se pourroit-il que cette » classe nombreuse d'hommes qui ont cru à la » fois défendre leur patrie et leur prince, ne » trouvât pas quelque secours? »

---

(1) Il étoit question d'un crédit de dix millions de rentes, demandé par amendement de MM. Astorg et de Fourquevaux.

CHAPITRE XX.

Discussion de la loi du 5 décembre 1814, dans la Chambre des Pairs. Opinion de M. le maréchal duc de Tarente. Proposition subséquente du même pair, relative à l'indemnité.

Le Moniteur ne nous fournissant aucun détail de ce qui s'est passé dans la Chambre des Pairs, relativement au projet de loi du 5 décembre 1814, nous ne pouvons, en général, nous en former une idée quelconque, qu'en jugeant la discussion par son résultat; et, comme le résultat fut le même que dans la Chambre des Députés, nous devons tirer cette conséquence naturelle d'une coïncidence aussi parfaite, que le vote de la Chambre des Pairs est basé sur les mêmes principes de justice, solennellement développés à la tribune de l'autre Chambre.

Le discours remarquable qu'un noble pair a prononcé à cette occasion, et la proposition vraiment française qu'il en fit découler, confirment cette opinion. Nous aimons à regarder ces deux pièces célèbres comme l'expression des sentimens des nobles collègues de leur auteur, qui ont formé la majorité nécessaire au vote de la loi. C'est dans ce sens constitutionnel, autant que pour rendre hommage aux sentimens de véritable grandeur dont le développement magnanime a produit en France, et dans l'Europe entière, la sensation la plus profonde, que nous allons parler de l'opinion manifestée, avec la conscience de ses devoirs et toute la franchise d'un soldat, par un illustre maréchal, qui est à la fois un honnête homme et un grand capitaine. Nous avons nommé M. le maréchal Macdonald. Citer quelques passages de ses discours, c'est le plus bel éloge qu'on puisse en faire, et surtout le plus utile à la cause sacrée à laquelle le noble guerrier a pour jamais attaché son nom.

« J'ai adopté avec empressement, dit l'illustre » pair (1), les mesures discutées dans la Chambre » des Députés, et que le Roi vous propose, en » faveur d'une classe de citoyens digne de tout » notre intérêt, afin d'envoyer promptement » en possession, et de faire jouir sans délai les » propriétaires des biens non vendus.

» J'ai en même temps témoigné les regrets

(1) Opinion de M. le maréchal duc de Tarente. *Journal des Débats* du 8 décembre.

» que je renouvelle ici, que ce projet de loi ne » présentât pas, pour le moment, des res- » sources plus étendues à un si grand nombre » d'infortunés; j'ai aussi exprimé le vœu adopté » par la commission, et que M. le comte de » Pastoret a si éloquemment développé, que le » Roi fût supplié de présenter les moyens les » plus prompts et les plus sûrs qu'il avisera » dans sa haute sagesse, de concilier avec l'état » des finances un système général d'indemnités, » tel qu'on ne pût former aucun doute sur » l'empressement des Chambres à y concourir, » et sur l'assentiment de la nation, qui verra » enfin cicatriser toutes les plaies, avec l'inten- » tion d'éteindre toutes les haines et tous les » ressentimens.............................

» Non, Messieurs, je ne crains pas de le dire, » le projet de loi n'atteint point ce but si dési- » rable; et, s'il m'est permis de m'exprimer » avec la franchise d'un soldat, les discussions » *provoquées* dans la Chambre des Députés, et » proclamées dans toute la France, nous en ont » encore éloignés.

» Que devoit-on faire, au contraire, pour » s'en rapprocher? Deux opérations bien dis- » tinctes.

» La première, rendre aux familles frappées » de séquestre ou de confiscation, tous les

» biens non vendus, existant en nature dans » les mains du gouvernement : cette mesure » résulte de la loi.........................

» La seconde opération n'a pas même été » indiquée dans le projet de loi ; mais elle est » attendue de votre sagesse : l'humanité, la » justice, le salut de la France, le vœu de son » Roi, commandoient de fermer toutes les » plaies................................

» Rendons grâces au Ciel de ce qu'enfin le » précipice de l'ambition est comblé par cette » sainte légitimité, qui défend les marches du » trône de l'approche des factions.

» Mais les fondemens de ce grand édifice, » relevé à la hâte au milieu des ruines, ont » encore besoin d'être consolidés par le ciment » des intérêts et des affections.

» Combien n'en est-il pas de méconnus ou » d'oubliés dans la loi que vous discutez ?

» Elle rend des biens non vendus qui, par » leur nature, appartenoient aux premières » familles de l'État.

» Mais ceux qu'un dévouement, peut-être » plus exalté, a arrachés des rangs de l'armée, » ou de leurs antiques manoirs, sans qu'ils » eussent jamais participé à la puissance ni aux » faveurs de la cour !

» Ceux qui se sont associés, sans espoir de

» retour, aux infortunes du monarque, et qui, » chaque année, voyoient avec indifférence » passer dans des mains étrangères les débris » d'un patrimoine long-temps préservé par la » médiocrité !

» Depuis plusieurs années, l'exil de ces » familles étoit devenu volontaire; elles pou- » voient réclamer l'application des premières » lois rendues en leur faveur; mais il eût fallu » qu'elles désertassent la cause du malheur. Les » puniroit-on de s'y être refusées?..........

» J'en ai la confiance, j'ai besoin de l'avoir: » si, comme je n'en doute point, nous sommes » tous pressés par le même sentiment, cette » session ne se terminera pas sans avoir scellé » le bonheur du monarque et celui de la France.

» Seroit-il donc vrai, Messieurs, que des » motifs si puissans, ceux d'une pacification » générale entre tous les Français, seroient un » instant balancés dans les esprits par la mo- » dique considération d'une indemnité annuelle » d'environ 12 millions?

(L'illustre maréchal n'avoit fixé cette somme de rentes que parce qu'il s'étoit trompé, selon nous, sur la quotité des pertes à réparer, qu'il n'élève qu'à 2 ou 300 millions de capital, dans sa proposition subséquente de l'indemnité.)

« Et ne pensez pas, Messieurs, continue le

» noble orateur, que, dans l'emploi de cette
» somme, je me borne à payer cette dette de
» l'honneur; il en est une autre non moins
» chère à mon cœur, non moins précieuse à
» celui du Roi, non moins importante à la
» tranquillité de la France. ....

» Est il besoin de vous dire, Messieurs, que
» je veux fixer vos regards sur les dotations de
» l'armée? ....

» Il peut m'être permis, sans crainte d'être
» désavoué, d'être ici l'interprète de mes com-
» pagnons d'armes: tous avec moi réclameront
» votre justice pour les droits et les besoins des
» braves; mais nul ne sollicitera le retour de
» ces munificences, dont l'excès ou l'éloigne-
» ment ont si souvent menacé la durée.

» Ce n'est point à nous qu'appartiendroient
» les souvenirs de la fortune passée. Quand le
» Roi, les compagnons de ses malheurs, défen-
» dus ici par leur respectable chef, quand ceux
» de nos longs et mémorables travaux n'auront
» plus de regrets à former, ni de privations à
» subir, nous serons heureux autant que nous
» sommes fidèles et dévoués. Nous serons heu-
» reux, quand nos anciens dans l'art de la
» guerre s'associeront à la gloire que nous
» avons conservée à leurs drapeaux; quand
» nous pourrons les serrer dans nos bras,

» comme des pères dont nous avons été les » dignes élèves; quand nos provinces tran- » quilles, nos cités libres de toutes dissensions » politiques, ne présenteront plus aux yeux du » Roi que des Français, satisfaits du présent, » oubliant le passé, riches de l'avenir...... »

Le principe de la demande en indemnité étant ainsi établi, le noble pair en donna le développement dans la séance du 10 décembre. Les mêmes sentimens de grandeur et de générosité s'y font remarquer ; mais les conséquences que l'illustre guerrier déduit du principe de justice posé, nous ont paru, sous quelques rapports importans, peu conformes à leur noble origine.

M. le maréchal admet la justice de la réparation, et il offre de remplacer par une rente *de deux et demi pour cent*, la valeur des ventes des biens confisqués. La justice ne peut admettre de transactions que du consentement formel de toutes les parties intéressées dans le différent. Et pourquoi, si l'on reconnoît que la confiscation des biens des émigrés fût injuste ; si même l'on peut établir qu'elle est illégale de droit, en ce que les prétendues lois qui l'ont ordonnée étoient privées du caractère de la loi ; si surtout l'on prouve qu'en admettant même l'autorité des lois révolutionnaires, la vente est illégale, et ne sauroit préjudicier à ceux qu'elle a violemment dépouillés, comment pourroit-on leur imposer une réduction par une disposition arbitraire qui, selon ce qu'en a dit lui-même le noble pair, *s'écarteroit du droit commun ?*

Nous aimons mieux revenir au principe posé par l'illustre maréchal, et dont l'application trop rigoureuse avoit pu peut-être effrayer son patriotisme, par la somme plus grande des sacrifices qu'elle commandoit à l'Etat; nous préférons suivre les généreuses inspirations qui ont dicté au noble orateur l'expression solennelle des sentimens les plus élevés, et dont la trace, que nous avons suivie avec tant d'intérêt dans son premier discours, se retrouve avec non moins de majesté dans le développement de son immortelle proposition.

« Le Roi, y est-il dit, a fait tout ce que la » patrie pouvoit attendre de son cœur et de sa » politique; il a étendu son sceptre sur l'irré» vocabilité des ventes nationales, qui reposent » en paix à l'abri des lois; mais, pour la tran» quillité de la France, elles ont encore besoin » d'être protégées par une autre égide. Appe» lons à leur secours l'opinion, cette reine du » monde, cette souveraine de nos mœurs, qui, » depuis les premiers temps de la monarchie, » élève sa bannière à côté de celle de nos » princes.................................

» Les miracles de la Providence, qui ont
» relevé l'empire des lis, ont attaché un carac-
» tère particulier à une classe nombreuse de
» citoyens.

» Ils reparoissent au milieu de nous protégés
» par la vieillesse et le malheur : ce sont des
» espèces de Croisés qui ont suivi l'oriflamme
» en terre étrangère, et nous racontent ces
» longues vicissitudes, ces orages, ces tem-
» pêtes, qui les ont enfin poussés dans le port
» où ils avoient perdu l'espoir d'aborder.

» Qui de nous pourroit se défendre de leur
» donner la main, en signe d'alliance éter-
» nelle?.................................»

Ici le noble pair, après avoir démontré la position réciproque des anciens et des nouveaux propriétaires, dans son rapport si intéressant avec la tranquillité publique : « Comme ce fait,
» dit-il, ne peut ni ne doit cesser d'être, j'en
» ai tiré cette conséquence nécessaire, qu'il
» falloit déplacer la difficulté, au lieu de tenter
» vainement de la vaincre ; changer l'état pré-
» sent par un état nouveau ; en un mot, oser
» faire connoître l'abîme ouvert devant nous,
» le franchir, et nous lancer, armés de toute la
» générosité, de toutes les forces de la nation,
» dans un vaste système d'indemnités........

» Nous obéirons, Messieurs, à cette double

» impulsion, *maintenir et réparer*. Tels sont » nos devoirs, selon la noble expression de l'un » des membres de cette Chambre (1), aussi » distingué par l'éclat de son nom que par la » loyauté de son caractère. La clôture de la dis- » cussion nous a privés d'entendre son dis- » cours; heureux d'avoir deviné ses intentions, » je demanderai, comme lui, que la patrie se » place, par une indemnité, entre les anciens » propriétaires et les acquéreurs............

» Dans le plan d'indemnité que je conçois, » je ne proposerai point que les dédommage- » mens à accorder aux anciens propriétaires » soient fixés précisément à la proportion éta- » blie par les lois antérieures, pour les créan- » ciers de l'Etat : *on pourroit supposer qu'il » s'agit d'une liquidation fondée sur des droits » réprouvés par la Charte, si l'on suivoit exac- » tement cette proposition.* »

---

(1) M. le duc de Choiseul.

CHAPITRE XXI.

Diverses considérations relatives à la loi du 5 décembre 1814.

M. le duc de Tarente l'a fort bien dit, et nous ne pouvons qu'applaudir à cette judicieuse pensée : Si certaines discussions n'avoient pas été *provoquées* dans la Chambre des Députés ; si, au lieu de semer la discorde par des accusations déplacées, on eût semé l'union avec la justice parmi les Français ; si, à la place de ces essais, malheureux à la vérité, tentés pour rendre la loi moins libérale qu'elle ne l'étoit en projet, on l'eût rendue tout-à-fait libérale ; et que, bien loin de la resserrer, on l'eût étendue en se livrant avec franchise, comme le voulut l'illustre maréchal, à la double opération de la restitution entière des biens non vendus, et de l'indemnité à raison des biens vendus, les plaies de la France étoient cicatrisées, et l'on eût effacé à jamais les souvenirs de ces grands déchiremens qui avoient ébranlé la société jusque dans ses bases.

L'attaque peu séante dirigée par M. Bedoch contre le discours de M. Ferrand, ministre du Roi, discours authentique, où se font remarquer les idées les plus justes, mais en même temps les plus sages et les plus modérées, dut imprimer à la discussion un mouvement fâcheux, dans un moment surtout où les esprits, plus imbus qu'à présent des préjugés révolutionnaires dont encore nous sommes si loin d'être dégagés, en étoient moins disposés à recevoir la juste mesure de l'opinion de justice rigoureuse, qui seule devoit prévaloir en principe, sauf à en faire l'application plus tard, selon l'esprit de la loi et les paroles royales, au fur et à mesure de l'amélioration de nos finances.

Supposons que M. Bedoch eût examiné la question avec l'impartialité et qu'il l'eût discutée avec le calme que méritoit son importance; qu'il eût combattu ce qui lui auroit paru digne de l'être, avec ce ton de convenance commandé par le caractère élevé d'organe du monarque, qui devoit au moins rendre respectable à ses yeux celui dont il se fit le fougueux antagoniste, les esprits moins exaspérés se fussent nécessairement fixés sur les idées les plus raisonnables, et le bien qui eut lieu dans cette circonstance se fût augmenté par l'absence de tout le mal dont une discussion ouverte dans ses limites naturelles eût épargné le scandale et prévenu les dangers.

Qu'arriva-t-il d'une conduite contraire à cette marche raisonnable dont tout faisoit un devoir aux Français appelés par leurs honorables fonctions à donner un noble exemple, et à travailler puissamment à un grand acte de justice? c'est que, toutes les opinions s'exagérant par l'aigreur des premières attaques, le bien se fit par enthousiasme, parce que le mal s'étoit fait avec passion. Ainsi la loi, en conservant son caractère de justice, que la conscience générale des députés et des pairs sut défendre contre la violence de quelques opposans, vit la plupart de ses défenseurs la soutenir par des motifs qui ne sont pas toujours ceux d'une justice positive, la seule pourtant qui pût rendre la discussion régulière dans ses détails, imposante dans son ensemble, et plus généralement utile dans ses résultats.

Pas un orateur qui ne présentât son système particulier, pas un membre qui n'eût sa nuance d'opinion. On étoit tourmenté de la conviction, surtout du besoin de la justice, et l'on cherchoit tous les moyens d'être justes; mais la justice, abstraction faite de son application, que la force des choses peut modifier ou suspendre, ne souffre point en principe la moindre altération, sous peine de condamner aux plus déplorables erreurs ceux qui veulent plier aux circonstances ce qui embrasse l'immensité du temps, et abaisser au niveau des considérations humaines une émanation sublime de la divinité. En principe, il n'y a point de justice relative, il n'y a que justice absolue; et ce n'est que de ce principe que peut naître la perfection des lois.

Ne voulant pas abandonner aux opposans la chose qu'on sentoit trop nécessaire à la manifestation même de cette justice vague qui travailloit les esprits et maîtrisoit les cœurs, on leur fit le sacrifice de certains mots dont ils se contentèrent, faute de mieux, sachant fort bien d'ailleurs, par une expérience encore toute récente, que c'étoit avec des mots qu'on avoit si violemment bouleversé les choses.

M. Bedoch, au nom de la commission, avoit demandé vainement tant de choses réelles, que l'on crut devoir lui faire une concession fictive, par une sorte d'entraînement auquel l'impulsion donnée à la discussion peut servir d'excuse, en l'expliquant.

Nous n'ignorons pas que les mots ne sauroient légalement prévaloir sur les choses, et que cette générosité de la Chambre n'a pu nuire au principe existant et consacré par la loi; mais nous ne pouvons nous dissimuler aussi le tort que peut faire à la chose, en donnant matière aux interprétations de la foiblesse et de la mauvaise foi, cette hésitation dans le législateur à exprimer les vrais motifs de la loi, pour ménager une opinion factice, qu'il est toujours plus convenable et plus utile de dissiper par une franche manifestation de la vérité.

On sent parfaitement, par exemple, que le mot *remise*, substitué dans la loi au mot *restitution*, n'ôte rien, en définitive, à l'esprit, ni même à la lettre de la loi; que, par ce mot de *remise*, on a voulu dire cette expression simple et naturelle de faire passer des mains de l'Etat détenteur, entre les mains des propriétaires, de leurs héritiers ou ayans-cause, des biens que la loi déclare positivement devoir leur être rendus.

Mais, quelque palpable que soit cet exposé matériel, quelque peu de consistance qu'offre l'absence du mot *restitution*, exprimé, dans toutes les parties de son action, par la lettre même de la loi, il n'en existe pas moins des hommes qui, trompés, ou feignant de l'être, ont l'air de croire que parce que le mot *restitution* est absent de la loi, la restitution opérée pourroit fort bien n'avoir pas été commencée dans le sens que le vulgaire semble attacher exclusivement à ce mot; et qu'une remise de biens, faite entre les mains de ceux à qui ils appartiennent, que l'action de rendre à d'anciens propriétaires, ou à leurs représentans, ce que l'on convient par conséquent leur avoir été pris, n'est pas une véritable restitution, dans l'acception usuelle du mot et dans l'application rigoureuse de la chose.

« On sent, a dit M. Bedoch, que le mot » *restitution* pouvant être pris en mauvaise » part et présenter l'idée d'une *spoliation*, il » est nécessaire de le supprimer. » Jamais la puissance des mots n'avoit paru avec plus d'éclat. Quoi donc, parce qu'au lieu de restituer, on dira qu'il faut rendre des biens à leurs anciens propriétaires, rien qu'aux anciens propriétaires, pas à d'autres, on changera la nature d'un fait existant et que rien ne peut dénaturer ! Quoi, parce qu'il n'y aura pas précisément le mot restitution dans une loi où l'on qualifie d'*acte de justice* la mesure de réparation qu'elle consacre en principe, et qu'elle ordonne en partie, il s'ensuivra de là que la spoliation qui donne lieu à cet acte de justice n'a jamais existé ; que les émigrés n'ont pas été spoliés, lorsque la loi déclare solennellement qu'ils ont été *victimes* de l'inscription sur la liste des émigrés, en vertu de laquelle ils ont été privés de leurs biens !

Il y a eu spoliation reconnue par la justice et

par la loi : les biens provenans de cette spoliation ont donc été restitués, *rendus* si l'on veut, comme dit la loi, à titre de justice. Telle est la loi qu'il importe de dégager de ces vaines illusions dont la mauvaise foi, trop souvent aidée de l'ignorance et de la foiblesse, essaieroit encore de vouloir l'envelopper, pour en dénaturer la lettre et l'esprit, au gré des plus extravagantes et des plus criminelles prétentions.

Au surplus, avoit dit M. Bedoch, « cette » substitution de mots ne porte aucun change- » ment dans les dispositions du projet de loi, » ni dans leurs effets (1). » L'aveu est précieux, en ce qu'il démontre que les plus grands adversaires de l'essence même de la loi, furent obligés, pour obtenir quelque chose dans la forme, de déclarer qu'ils n'entendoient pas attaquer le fond. En vertu de cette explication, qui n'est pas sans mérite, la loi n'a pas cessé d'être elle-même, une loi de justice, dont les effets doivent être conformes à tous les précédens qui les ont produits, et à la loi même qui en consacre authentiquement le principe, et en ordonne en partie l'application, en attendant que l'état heureux des finances, circonstance étrangère au

(1) *Moniteur* du 19 octobre.

principe, permît d'achever ce qu'il a été possible de faire pour le moment.

Puisque nous en sommes à relever des contradictions qui se font remarquer dans le discours de M. Bedoch, nous ne pouvons nous dispenser de le citer encore pour l'opposer à lui-même, moyen le plus victorieux et le plus décisif de le combattre.

« Il est sans doute de l'équité, dit-il, *que* » *l'Etat rende aux anciens propriétaires*, tout » ce qui reste libre dans ses mains ; mais cette » remise *volontaire* ne peut point être qualifiée » de restitution dans le sens qu'on donne *ordi-* » *nairement* à ce mot (1). »

Avant d'avoir lu cet étrange passage d'un rapport fait pour éclairer la discussion préparatoire d'une loi, nous pensions qu'il n'y avoit point pour la loi des expressions *ordinaires*, mais seulement des expressions propres. Nous le pensons encore ; et nous pensons aussi, comme nous croyons l'avoir démontré, que tel mot absent d'une loi, lorsqu'il y est d'ailleurs exprimé dans toutes ses circonstances, et que l'esprit de la loi vient encore à l'aide de sa lettre, ne peut rien contre cette double évidence, quelque sens d'ailleurs qu'on donne

---

(1) *Moniteur* du 19 octobre.

ordinairement au mot qui n'est point positivement écrit dans la loi. Toutes ces façons vulgaires de considérer l'essence d'une loi, toutes ces petites subtilités pour biaiser avec l'inspiration de justice, avec le principe du bon droit, qui doivent s'y faire mieux sentir qu'y être vulgairement exprimés, rappellent la ridicule impuissance de ces enfans mal élevés et d'un méchant caractère, qui, voulant combattre plus fort qu'eux, essaient de déchirer l'habit, ne pouvant aller jusqu'à la personne. Tel est au naturel le propre de ces fougueux et foibles argumentateurs de la loi, qui, ne pouvant combattre la chose, inébranlable pour la réprobation de leurs vains efforts, emploient toutes leurs petites forces contre quelques mots isolés, dont, en définitive, la valeur plus ou moins vulgairement admise, ne sauroit prévaloir contre la puissance inattaquable des choses.

Si nous voulions nous-mêmes combattre M. Bedoch avec ses propres armes, nous lui prouverions combien il est plus facile d'obtenir la victoire dans cette guerre de mots, quand en même temps il est possible de comprendre dans la même attaque la chose qu'on a voulu leur faire exprimer.

Lorsque dans la même phrase que nous venons de citer, M. le rapporteur a dit qu'*il étoit de l'équité que l'Etat rendît aux anciens propriétaires tout ce qui reste libre dans ses mains*, a-t-il exprimé autre chose que cette *restitution* qui sonne si mal à son oreille ? et lorsqu'il appelle *volontaire* cette remise à d'anciens propriétaires, de leurs biens restés libres dans les mains de l'Etat, croit-il que parce qu'elle est *volontaire*, cette remise, ou cette restitution, en est pour cela moins juste ? Est-il donc bien nécessaire, pour établir la justice d'un acte quelconque, qu'on en doive l'accomplissement à des moyens de rigueur ? Nous croyons, au contraire, et en cela nous ne craignons point d'être démentis, que la justice la plus désirable est celle qui est volontairement accordée par celui qui la doit. Cette justice *volontaire* est même, selon toutes les apparences, la mieux fondée, puisqu'elle ne donne lieu à aucune contestation. Il seroit donc de rigueur, d'après M. Bedoch, que, pour établir incontestablement la justice, celui qui la devroit, commençât d'abord par la dénier : étrange procédé dont le simple examen renverse toutes les idées naturelles et raisonnables que l'on se fait de la Justice, cette fille du Ciel, qui place partout l'ordre et la paix, en mettant les choses et les hommes à la place qui leur convient.

Lorsque le pouvoir légitime a fait une remise

volontaire, il n'a donné qu'une preuve de plus de la justice de cette remise, de cette restitution, dans le sens vulgaire que l'on attache à ce mot, le pouvoir légitime ne pouvant avoir la volonté que de ce qui est juste ; et il auroit manqué à sa sublime destination si, considérant les biens d'émigrés comme appartenant à l'Etat, il l'en eût dépouillé, pour les donner dès lors à des particuliers dont certainement, dans ce cas, ils n'eussent pas été la propriété.

Le pouvoir légitime a rendu, a restitué ces biens, à ceux qui en avoient la propriété, et il ne pouvoit guère agir que de cette manière ; le pouvoir n'ayant pas plus la faculté de dépouiller l'Etat, la masse entière des citoyens, de biens qui seroient sa propriété, que de se refuser à rendre des biens dont il est détenteur, à des particuliers, lorsqu'il est reconnu qu'ils en sont légitimes propriétaires.

« Mais l'Etat, dit M. Bedoch, étoit *posses-* » *seur* des biens non vendus des émigrés. *La* » *possession* est fondée sur les dispositions » d'une loi. Un titre de cette nature ne carac- » térise sûrement pas une usurpation, encore » moins un vol. Il légitime au contraire *la possession* (1). »

---

(1) *Moniteur* du 19 octobre.

Si nous répondions à M. Bedoch que les actes qui ont établi *la possession*, et qu'il décore pompeusement du nom de loi, ne sont pas des lois dans toute la sainteté de la chose; qu'elles sont sans autorité, parce qu'elles n'émanent pas du pouvoir qui proclame la loi, M. Bedoch, feignant de ne pas nous comprendre, persisteroit à regarder comme des actes légitimes, comme des actes de droit, obligatoires, ces monstrueuses conceptions des pouvoirs les plus monstrueux que la violence la plus désordonnée ait empruntées de la plus dégoûtante rébellion.

Afin de trancher la difficulté, nous admettrons avec M. Bedoch, l'autorité de ces lois révolutionnaires comme un fondement respectable de *la possession*, dès lors légitimement acquise à l'Etat. Mais ne peut-il pas arriver qu'une loi, sans le vouloir, sans le savoir, consacre une injustice? et, du moment que l'injustice est reconnue, faut-il donc rigoureusement la laisser sans réparation, parce qu'elle émane d'une loi qui se seroit trompée, peut-être en principe dans la désignation du crime, peut-être même dans son application, par une fausse ou insuffisante désignation du coupable?

Dans la question des lois révolutionnaires de l'émigration, il y a quelque chose de plus décisif pour repousser la spoliation dont elles ont été le prétexte bien plus que la cause; c'est qu'on a été obligé de méconnoître même ces actes de violence et d'injustice, pour consommer une spoliation qui n'eût pas même été tentée, si l'on n'avoit pas violé sans pudeur les principes les plus simples du droit naturel et le peu de formes tutélaires que ces prétendues lois avoient cru devoir exiger. Des hommes en simple état de prévention (1), qui ont subi sans ménagement les peines les plus fortes que les lois puissent porter contre les plus grands criminels, et qu'aucun jugement n'a prononcées contre eux; voilà quelle est l'exécution de lois qui appeloient *prévenus d'émigration* (2) des Français que depuis on a traités comme si un jugement les eût déclarés *convaincus d'émigration*.

Il paroîtroit que M. Bedoch auroit au fond pressenti la justice de cette remarque; c'est ainsi du moins que nous aimons à expliquer cette timidité, louable sans doute, qui l'a empêché de considérer l'Etat comme propriétaire, mais seulement *comme possesseur* des biens

---

(1) Voir le chapitre XII, pages 72 et suivantes.

(2) Décret de la Convention Nationale du 28 mars 1793, article 81.

des émigrés. Or, comme la possession d'un bien n'en suppose pas toujours la propriété ; et que, dans le cas présent, la qualité *de possesseur*, que M. Bedoch donne exclusivement à l'Etat, n'a pu lui concéder la faculté d'agir en propriétaire, M. le rapporteur voudra bien consentir à ce que nous persistions, d'après les autorités même qu'il invoque et ses propres paroles, à ne pas considérer l'Etat comme pouvant faire un don aux émigrés, d'un bien qui, bien loin de lui appartenir, est évidemment la propriété de ceux-là mêmes à qui elle doit être conséquemment, non donnée à titre de grâce, mais rendue à titre de justice.

Si la loi du 5 décembre 1814 eût été une loi de bienveillance, et non une loi de justice, une simple régularisation de secours accordés aux émigrés à raison de leur situation malheureuse, ce que repousse au surplus la lettre formelle de la loi, comment auroit-elle pu donner tout à ceux dont les biens étoient encore à la disposition de l'Etat, et rien à ceux dont les biens se trouvoient entre les mains des tiers? Les uns et les autres n'étoient-ils pas dans la même détresse, et n'auroient-ils pas dû avoir les mêmes droits à cet acte d'humanité? Et, dans ce cas, n'auroit-on pas dû préférer les propositions de deux orateurs opposans au projet de loi (1), qui, conséquens dans le système de grâce, et non de justice, qu'ils vouloient faire prévaloir, demandoient qu'il fût distribué des secours alimentaires à chaque émigré, calculés sur ses besoins, et non sur ses droits ?

Considérée sous le rapport d'un acte de bienveillance et d'humanité, la loi, telle que vouloient la faire les opposans, eût été relativement plus juste ; la loi, telle qu'elle est disposée, seroit une monstruosité.

Tout s'explique par le motif de justice qui seul a pu en provoquer la publication. La justice, fondée sur le droit de propriété appartenant aux émigrés, abstraction faite du malheur de leur position, vouloit que leurs biens leur fussent rendus, autant que l'irrévocabilité consacrée des ventes nationales ne s'y opposoit point, sauf à l'Etat à payer, avec une situation plus heureuse de ses finances, le prix des biens dont il avoit été disposé par l'article IX de la Charte.

La lettre de la loi qui déclare que les biens dont l'Etat peut disposer, *seront rendus à ceux qui en étoient propriétaires, ou à leurs hé-*

(1) MM. Durbach et Labbey de Pompières.

ritiers ou ayans-cause, ne laisse plus aucun doute à cet égard, surtout lorsqu'on la rapproche de son ensemble et de ses considérans, que nous nous proposons d'examiner plus à fond dans un autre chapitre.

CHAPITRE XXII.

Article 14 de la loi du 5 décembre 1814. Dettes des émigrés antérieures à la confiscation.

Cet article important est conçu en ces termes : « Il sera sursis jusqu'au 1er janvier 1816 » à toutes actions de la part des émigrés sur » les biens remis par la présente loi : lesdits » créanciers pourront néanmoins faire tous » les actes conservatoires de leurs créances. »

Cette disposition de la loi ne peut avoir de rapport qu'aux dettes antérieures à la confiscation : le sursis accordé aux émigrés pour des dettes contractées depuis, et avec des circonstances ordinaires, eût été un privilége que la loi n'a pas dû et n'a pas voulu leur accorder. Il s'agit évidemment ici des dettes dont les *biens rendus* étoient le gage ; dettes qui, *si elles n'ont pas été payées*, cessent, même dans ce cas, d'être à la charge de l'Etat, du moment et dans la proportion que l'Etat se dessaisit de ces biens pour les remettre à leurs propriétaires.

En général, la question des dettes des émigrés est si peu décidée, et la jurisprudence sur cette matière est si contradictoire, qu'on peut raisonnablement supposer un vice essentiel dans la manière connue d'approfondir la question et d'établir la jurisprudence. Si les opinions sont si divergentes, si les tribunaux s'accordent si peu dans leurs décisions, et surtout dans les motifs de leurs décisions, lorsqu'il s'agit de prononcer sur des cas de cette nature, c'est que sans doute le principe qui doit éclairer leurs jugemens n'est pas bien à découvert, et que, partant d'un point vague et indéterminé, on doit arriver à des résultats peu certains.

L'erreur de cette jurisprudence, si l'on peut appeler de ce nom une collection d'arrêts rendus dans des sens si opposés et par des considérations si variables, vient, ce nous semble, de ce qu'on a regardé généralement jusqu'ici les lois révolutionnaires sur l'émigration comme étant maintenues dans toute leur force, tandis que la Charte, en conservant un de leurs effets matériels, qui est l'inviolabilité des propriétés nationales à l'égal des autres propriétés, a aboli ces prétendues lois dans leur principe et dans leurs autres effets, qui sont contraires à l'esprit et à la lettre de cette ordonnance de réformation.

La partie la plus odieuse et en même temps la plus extravagante de la législation révolutionnaire, ainsi mêlée avec la législation légitime, qui seule devoit prévaloir, explique les nombreuses contradictions dans lesquelles sont tombés, en distribuant la justice au nom du même souverain, des hommes revêtus des plus honorables fonctions, et doués de lumières peu communes. Une fois jetés dans cet obscur et tortueux labyrinthe, dont tous les sentiers ramènent toujours à l'erreur et à l'injustice, ils n'ont pu, avec les meilleures intentions et l'esprit le plus éclairé, retrouver la route de la raison et de la vérité, objet fugitif de leurs honorables, mais infructueuses recherches.

Ce n'est que loin de ce dédale de lois monstrueuses et ridicules ; ce n'est qu'en adoptant exclusivement, ainsi que la Charte le veut, et que les lois subséquentes le confirment, la législation légitime, dégagée des principes et des conséquences qu'elle repousse, que ces déplorables contradictions peuvent disparoître, pour faire place à une jurisprudence stable et permanente, et qui ne laisse rien à l'arbitraire ni à l'incertitude.

L'état des émigrés ayant changé depuis la restauration du pouvoir légitime, ce n'est que sur les lois qu'il a proclamées ou sanctionnées, que l'on peut asseoir des jugemens équitables. C'est pour avoir méconnu cette vérité, qu'il a été impossible de former sur la question une jurisprudence constante et décisive, ou, pour mieux dire, qu'on nous a mis dans le cas de manquer de jurisprudence sur ce point. Le conseil d'Etat même, qui avoit si peu d'intérêt à proclamer un fait qui s'élève avec force contre l'esprit ténébreux de son institution, a été forcé de reconnoître (le 10 janvier 1821) dans une question qui offre tant d'analogie avec celle des émigrés (la question des dettes des communes), *qu'il n'y avoit pas de question plus controversée, et dont la solution fût plus mal assise dans la législation et dans la jurisprudence des tribunaux.*

Un arrêt fameux (1), après avoir établi, dans ses motifs, la toute-puissance des lois révolutionnaires sur l'émigration, en a fait découler ces conséquences : « *que la mort civile avoit réellement existé* dans le temps intermédiaire entre l'inscription et la radiation ; et que la loi du 5 décembre 1814, par son article premier, avoit maintenu de plus fort toutes les lois et actes de gouvernement relatifs à l'émigration. » (Au nombre de ces lois et de ces actes, l'arrêt cite principalement les lois et décrets des 28 mars

---

(1) Arrêt de la Cour royale de Dijon, du 14 avril 1821.

1793, 25 juillet de la même année, 1er floréal an III, 24 frimaire an VI, et 6 floréal an X.)

L'arrêt, pour nous servir de l'expression du conseil d'Etat, nous paroît *mal assis* sur de pareilles bases.

En premier lieu, la mort civile n'a jamais existé de droit, surtout nominativement contre tel ou tel individu personnellement désigné; et les tribunaux ne peuvent reconnoître que le droit. Le fait de la mort civile ayant disparu avec la présence du Roi légitime, qui a considéré les émigrés comme n'en ayant jamais été frappés de droit; qui les a proclamés *victimes* de leur inscription sur les listes fatales; qui a déclaré ces inscriptions *effacées* par les dispositions de la Charte constitutionnelle; qui a prononcé positivement *l'abolition* de la peine (1), tous les effets en résultant s'évanouissent par cette abolition, à l'exception de celui que la Charte a réservé, dans l'intérêt de l'inviolabilité des propriétés vendues.

En second lieu, l'article premier de la loi du 5 décembre 1814 ne maintient que les lois et actes de gouvernement, qui ne sont point contraires à la Charte constitutionnelle, qui, par son

---

(1) Texte formel de l'ordonnance du 21 août 1814, qui a donné lieu à la loi du 5 décembre.

article LXVIII, déclare le même principe. La loi du 5 décembre 1814 ne sauroit être en opposition avec la lettre expresse de l'ordonnance du 21 août, qu'elle n'a fait que légaliser, ni surtout avec l'esprit et la lettre formelle de la Charte, qui avoit consacré les principes dont nous démontrons les conséquences.

D'après un autre motif de l'arrêt, relatif à l'article 14 de la loi, « cet article ne seroit attributif, ni même recognitif d'aucun droit; il ne feroit que suspendre les actions de ceux qui pourroient avoir des droits. »

Sans doute la loi du 5 décembre 1814 n'a rien préjugé sur les dettes des émigrés; elle n'a fait qu'opposer un sursis à des actions de créanciers, ce qui suppose nécessairement le fait possible d'une dette existante, et, dans ce cas, exigible sur les biens restitués; car, s'il en eût été autrement, si même, la dette étant reconnue avoit dû être déclarée non exigible d'après la loi, il eût été bien inutile que cette même loi accordât un sursis, dès lors tout-à-fait superflu. Les actes conservatoires que la loi, en accordant un sursis aux débiteurs, a donné la faculté aux créanciers de faire dans l'intérêt de leurs créances, confirment la preuve, en la rendant complète; car, en accordant cette faculté, la loi n'a pu vouloir qu'elle fût illusoire; et elle le seroit, si cette même loi disposoit d'ailleurs que les créances, qu'elle auroit dès lors dérisoirement placées sous la protection d'actes conservatoires, ne peuvent être utilement réclamées.

Enfin, la loi prononce que la loi du 5 décembre 1814, « tout entière politique, est » toute de grâce et de faveur » ; et c'est là précisément la source de toutes les erreurs que nous venons de signaler.

L'absence du droit de donner des lois dans les pouvoirs créateurs des lois révolutionnaires sur l'émigration ; l'application arbitraire et inadmissible de ces lois, en admettant même leur autorité ; le fait de la présence sur le sol de la patrie du Roi légitime, qui ne pouvoit considérer comme coupables, qui a positivement déclaré non coupables les émigrés, ses compagnons d'infortune ; les principes analogues consacrés dans la Charte, développés dans l'ordonnance du 21 août 1814, appliqués par la loi même du 5 décembre, sur laquelle l'arrêt se fonde, tous ces motifs réunis qui, s'enchaînant les uns aux autres, se prêtent une force mutuelle, sans jamais se combattre, attestent, selon l'expression formelle de la loi, que, loin d'être un acte de grâce et de faveur, cette loi est bien évidemment *un acte de justice*, ayant tous les effets d'une loi de justice, tant par rapport aux créanciers des émigrés que relativement aux émigrés eux-mêmes.

Le double principe de l'abolition des lois révolutionnaires (sous les réserves voulues par les dispositions constitutionnelles), et de la restitution, ou, si l'on aime mieux, de la remise à titre de justice, simplifie singulièrement la législation, et devient ainsi la véritable base d'une jurisprudence conséquente et légitime, qui doit satisfaire à la fois et la conscience et la raison.

Ce principe posé, tout s'explique dans l'application des règles législatives. Les conséquences en découlent naturellement, pour rendre à chacun la justice qui lui est due.

Le jugement du tribunal de première instance (1), cassé par l'arrêt que nous venons de citer, avoit, selon nous, consacré la véritable doctrine résultant du principe et de l'esprit de la législation, en prononçant que l'émigré est tenu au paiement de ses dettes antérieures à la confiscation, mais seulement dans la proportion des biens qui lui sont rendus.

Ce jugement étoit naturellement fondé sur ce que la remise du bien étant faite à titre de jus-

---

(1) Jugement du tribunal de première instance de Dijon, du 30 août 1820.

tices, et le bien ainsi rendu étant considéré comme ayant toujours appartenu à celui qui est jugé n'avoir jamais mérité de subir, ou n'avoir jamais légalement subi la peine de la confiscation, le bien rentroit à son propriétaire dans le même état où l'avoit trouvé la confiscation; mais toutefois sans que cette restitution pût devenir onéreuse au restitué, qui ne peut pas se trouver plus malheureux au moment où on lui rend justice, qu'il ne le fut dans le temps où elle lui étoit déniée.

Cette opinion, que la loi du 5 décembre 1814 est une loi de justice, résultant tant des expressions formelles et de l'ensemble de la loi que de l'article 14 en particulier, se retrouve consacrée dans d'autres actes judiciaires, et notamment dans un arrêt de la Cour royale de Paris (1), confirmatif d'un jugement du tribunal de première instance de la Seine, et motivant cette confirmation « sur ce que la remise des » biens faite par la loi du 5 décembre 1814 » opéroit *une véritable restitution en entier*, en » faveur des anciens propriétaires, et effaçoit » à cet égard, et *dans les termes de la remise*, » toute trace d'émigration, de séquestre ou de » confiscation; que dès lors les biens sont censés

(1) Arrêt de la Cour royale de Paris, du 29 juillet 1816.

» n'être plus sortis des mains desdits anciens » propriétaires, qui les ont transmis à leurs » héritiers ou ayans-cause. »

La Cour de cassation, en cassant cet arrêt, motiva sa décision sur ce que cette même loi du 5 décembre 1814 a entendu consacrer *un acte de pure libéralité* (1). Le préambule de la loi dit formellement *un acte de justice.*

Il est juste de rappeler que cette même Cour suprême, qui considère comme un acte de pure libéralité la restitution aux émigrés de leurs biens non vendus, s'exprimoit de la manière suivante le 30 avril 1806, relativement à la restitution des biens non vendus, ordonnée par l'Assemblée Constituante, à l'égard des ayans-cause des protestans fugitifs :

« Considérant que la tache de la mort civile, » empreinte sur les religionnaires fugitifs et » sur leurs biens, par les lois anciennes, a été » entièrement effacée par les lois de 1790; que » les biens par eux délaissés doivent être con- » sidérés comme n'ayant jamais cessé d'être » transmissibles, d'après les règles communes, » et selon les dates effectives de l'ouverture » des successions, etc... »

Il est impossible d'admettre deux jurispru-

---

(1) Arrêt de la Cour de cassation, du 25 janvier 1819.

dences, l'une pour 1806, l'autre pour 1819, dans une question où il s'agit de l'application de deux lois dont la dernière, relative aux émigrés, est une loi de justice, au moins au même degré que puisse l'être la loi de 1790, relative aux protestans fugitifs. En comparant ces deux lois dans leurs précédens, et quant à la situation politique et civile de ceux qu'elles intéressent, il ne seroit pas difficile de trouver une démonstration qui établiroit incontestablement la supériorité de justice acquise sur la loi de 1790 à la loi de 1814, dont, à la rigueur, les émigrés n'avoient pas besoin pour être relevés de la mort civile, qui, ne les ayant jamais frappés de droit, ne pesoit plus sur eux de fait, depuis la rentrée en France du Roi; de ce Roi comme eux émigré, comme eux, et plus qu'eux proscrit par les actes odieux d'usurpation, dont on voudroit vainement faire admettre l'autorité illégitime, et conserver l'action révoltante.

Les protestans, allégés de leurs condamnations par le pouvoir même qui les avoit condamnés, pouvoient avoir reçu une restitution à titre de grâce, avec bien plus de raison que les émigrés relevés de la mort civile et de tous ses effets réparables, par le pouvoir légitime même, qui étoit mort avec eux, et avec lequel ils ont dû revivre.

Ce n'est pas ici le lieu d'examiner quelles exceptions les émigrés pourroient puiser contre les réclamations qui leur seroient faites en vertu de l'article 14 de la loi, dans les paiemens qui ont été faits, ou qui ont pu être faits à leurs créanciers, au temps où l'Etat s'étoit arrogé les droits de propriétaire et de vendeur de leurs biens. Il nous suffit de pouvoir tirer de l'obligation, imposée aux émigrés par l'article 14, de payer ce qui, nonobstant toute opposition contraire, pourroit être dû sur les objets de la restitution, à leurs créanciers antérieurs à la confiscation, cette conséquence rigoureuse, que, puisque cette restitution est de nature à produire ce résultat, elle doit être nécessairement considérée comme étant faite à titre de justice; ce qui, d'ailleurs, s'accorde avec l'esprit et la lettre formelle de la législation légitime, la seule obligatoire depuis la publication de la Charte constitutionnelle, à la réserve du fait matériel de l'inviolabilité des propriétés dites *nationales*, que la Charte consacre par exception.

Lors de la discussion de la loi, l'amendement de la commission auquel l'article 14 de la loi fut substitué étoit ainsi conçu : « Une loi particulière » *réglera les droits et actions des créanciers* » des émigrés, relativement aux biens dont la » remise est faite par la présente loi. »

Cet article, qui annonçoit un futur règlement des droits et actions des créanciers des émigrés, supposoit la remise des biens, faite à titre de grâce, puisqu'il réservoit d'imposer à cette remise des conditions plus ou moins onéreuses, selon qu'il auroit plu au bon plaisir et à la libéralité de la loi. La Chambre, ne voulant pas admettre la conséquence, repoussa le principe; et l'article 14, en ne préjugeant rien sur les dettes des émigrés, dont le paiement régulier et relatif à la quotité des objets restitués étoit de droit commun, déclara implicitement la restitution opérée à titre de justice, puisqu'une restitution de cette nature pouvoit seule avoir produit la conséquence naturelle du paiement.

En renonçant à l'amendement de la commission, M. Bedoch, rapporteur, déclara que la créance reprenoit sa force dès la rentrée du débiteur *dans sa propriété*. M. Bedoch, établissant ainsi que; par le fait de l'article substitué, et devenu l'une des dispositions principales de la loi, l'émigré doit, sauf toute réduction contraire de paiemens qui auroient été faits dans l'intervalle, les sommes dont les biens étoient grevés avant la confiscation, convient donc que la restitution, en définitive, a été faite à titre de justice; car il ne pourroit avoir voulu la conséquence qui est onéreuse aux émigrés, sans vouloir aussi le principe qui leur est favorable. M. Bedoch ne nous a pas laissé le moindre doute à cet égard : en basant son opinion sur le motif de *la rentrée* de l'émigré *dans sa propriété*, il a déclaré que cette propriété n'étoit point un don à l'émigré d'une propriété de l'Etat, mais le simple retour de l'émigré à un droit de propriété, que, dans cette hypothèse, il est considéré n'avoir jamais perdu.

Selon M. Bedoch, les émigrés seroient passibles d'être poursuivis par ceux de leurs créanciers qui seroient admis à faire valoir qu'ils n'ont pas été suffisamment désintéressés par l'Etat. S'il en étoit ainsi, et que l'on pût néanmoins ne pas regarder la restitution comme étant de justice, la mort civile seroit préférable, au fond, dans l'intérêt de cette portion fort considérable d'émigrés encore non restitués, que l'on soumettroit ainsi à l'action de leurs créanciers, lorsqu'on leur refuseroit de droit la restitution en nature, ou en argent, des biens qui étoient le gage des créances.

CHAPITRE XXIII.

Conclusion sur la loi du 5 décembre 1814, considérée comme étant une loi de justice, et devant en produire tous les effets.

On a dû remarquer, pendant tout le cours de la discussion préparatoire qui a eu lieu, relativement à cette loi, dans la Chambre des Députés, qu'en général les orateurs, encore novices dans la marche du gouvernement représentatif, étonnés peut-être des grands principes de l'ordre social, depuis si long-temps étouffés, et qu'il falloit aborder dans cette question si importante, incertains d'ailleurs sur les moyens financiers de la France, et toutefois naturellement entraînés vers un sentiment de justice plus fort que tous les raisonnemens, plus impérieux que toutes les considérations humaines, hésitèrent à rendre aux émigrés toute la justice effective qui étoit au pouvoir de l'Etat, tout en admettant ce point préalable, qu'on leur devoit la justice la plus absolue.

Afin de concilier avec la crainte de compromettre l'intérêt général le vif désir de satisfaire, autant que les circonstances sembloient le permettre, les droits sacrés de Français victimes de la violence, la Chambre des Députés, et successivement la Chambre des Pairs, n'ont voulu déclarer dans les dispositions de la loi, que les restitutions qui pouvoient, par cette même loi, être opérées de suite, ou à des époques qu'il étoit possible de déterminer; laissant à l'avenir le soin de rendre complète l'œuvre de justice, qu'elles ont si puissamment contribué à commencer.

Parce que la loi du 5 décembre 1814 a établi des exceptions qui ne peuvent être que momentanées, d'après les déclarations formelles des orateurs qui ont déterminé le vote de la loi, il ne s'ensuit pas de là qu'il ne soit possible à l'avenir, au présent même, de faire ce que le passé a reconnu juste, mais ce qu'il a jugé impossible.

Il est, au contraire, selon l'esprit et d'après la lettre de la loi, d'arriver à ce résultat, puisque la restitution, quoique partielle, ayant été faite à titre de justice, il résulte de ce principe qu'elle doit être générale; que, relativement aux pertes éprouvées, elle doit s'étendre au même degré sur tous les émigrés, sans exception, puisque tous sans exception ont souffert la même injustice, et en ont été relevés au même titre.

Afin de bien s'assurer que la loi du 5 décembre 1814 porte ce noble caractère, il est essentiel de rappeler sommairement les faits et les actes qui l'ont précédée, et de voir si, dans son esprit et dans sa lettre, elle s'accorde avec ses précédens, dans le sens de justice dont sont empreints l'ensemble, les considérans, et le dispositif même de la légilation.

Il est inutile de rappeler ici le texte de la déclaration de Saint-Ouen et de la Charte constitutionnelle, que, tant par le respect inviolable du droit de propriété que ces deux actes solennels consacrent comme principe, que par la disposition politique qu'ils ordonnent dans un but d'intérêt public, des propriétés que l'on appelle nationales, nous avons démontrées être essentiellement et exclusivement favorables à toutes les conséquences résultant du double principe de justice civile et de convenance politique, d'après lequel les émigrés ont été relevés de fait, par la présence du Roi légitime, de la mort civile, qui ne les avoit jamais frappés de droit.

Nous arriverons immédiatement à l'examen de l'ordonnance du 21 août 1814, qui a devancé et provoqué la loi du 5 décembre. Là nous verrons les principes existans, et consacrés par la déclaration de Saint-Ouen et la Charte constitutionnelle, indiqués dans l'intervalle par une disposition de l'ordonnance du 4 juin, développés dans toutes les parties de l'ordonnance du 21 août, avec une clarté, une solennité d'expression, qui repousseroient le doute, si de bonne foi le doute pouvoit exister dans une question si simple, si juste et si convenante.

« *En attendant*, y est-il dit, *la loi que nous* » *nous proposons de présenter* aux deux » Chambres, sur la restitution des biens non » vendus, nous avons jugé nécessaire de pro» noncer *positivement* L'ABOLITION des inscrip» tions sur les listes d'émigrés. Ces inscriptions » ont été *effacées* par le seul fait des déclara» tions que nous avons données dans le préam» bule de la Charte constitutionnelle et des » dispositions même de cet acte solennel. Nulle » différence n'a pu être admise, aux yeux de » la loi comme aux nôtres, entre les Français » qui gémissoient de notre absence dans l'inté» rieur, et ceux qui nous en consoloient au » dehors. Nous prononçons *positivement* cette » abolition, afin de ne laisser aux tribunaux » et aux corps administratifs aucun doute sur » l'état des personnes, et de réserver spéciale» ment les droits des tiers. »

Ces dispositions positives de l'ordonnance, qui sont des conséquences développées du prin cipe existant et des déclarations écrites, se retrouvent avec la même force dans la loi même, dont elles étoient annoncées comme les bases essentielles.

« Par notre ordonnance du 21 août, dit la » loi, nous avons rendu à l'état civil une classe » *recommandable* de nos sujets, long-temps » *victimes* de l'inscription sur les listes d'émi- » grés. Dans les dispositions de la présente loi, » nous avons considéré le devoir que nous im- » posoit l'intérêt de nos peuples, de concilier » UN ACTE DE JUSTICE avec le respect dû à des » droits acquis par des tiers, avec l'engagement » que nous avons contracté, et que nous réité- » rons, de maintenir les ventes des domaines » nationaux. »

Jusqu'ici les considérans de la loi ne font que répéter en d'autres termes les déclarations positives de l'ordonnance. Mais la loi ayant à régler l'application des principes établis, ayant à ordonner ce que l'ordonnance avoit déclaré, elle a dû admettre une considération de plus qui tenoit à l'exécution : la considération de *la situation des finances*, qu'elle a déclaré devoir concilier avec *l'acte de justice* qu'elle ordonnoit.

Cette addition aux motifs de la loi, bien loin d'infirmer le principe de l'ordonnance, lui prête, au contraire, toute la force d'une supposition qui, venant à se réaliser, entraîneroit de nécessité l'application entière du principe. La situation des finances étant le seul obstacle qui, en 1814, se soit opposé à l'entier accomplissement du vœu du législateur, une meilleure situation de nos finances à une époque postérieure, seroit d'autant plus favorable au principe reconnu, qu'elle pourroit le mettre à exécution dans toutes ses conséquences.

Les articles d'une loi ne sont et ne peuvent être que la suite toute naturelle des considérans qu'elle allègue, des bases sur lesquelles elle se fonde, des principes qu'elle veut mettre en action. La loi du 5 décembre 1814 en offre un exemple non interrompu, non seulement dans ses dispositions écrites, mais encore dans les motifs authentiques et dans les opinions explicatives de ceux qui en ont déterminé le vote.

Le rejet des amendemens contraires à l'esprit de la loi ; l'introduction dans cette même loi des additions qui devoient en mieux caractériser l'ensemble ; les discours des orateurs ; les améliorations nombreuses ajoutées au projet, déjà si positif en principe, présenté par le gouvernement ; la forte majorité (1) qui a sanctionné les

---

(1) La loi, dans la Chambre des Députés, fut adoptée, avec améliorations, à la majorité de 169 voix contre 23. La Chambre des Pairs s'empressa de suivre ce noble exemple.

manifestations de la justice, soit en adoptant ce qui lui étoit favorable, soit en repoussant ce qui pouvoit lui être contraire, tout concourt à faire reposer sur les articles de la loi cette idée d'analogie parfaite avec ses considérans et avec ses motifs, qui condamne à l'impuissance toutes les interprétations fâcheuses, que ne se permettent que trop souvent l'ignorance, la foiblesse et la mauvaise foi.

Ce concours presque unanimement approbateur des intentions du gouvernement, au-delà même des limites qu'il s'étoit tracées, ajoute en faveur des motifs exposés par le ministre chargé de présenter la loi, cette force morale qui naît de l'opinion, à l'autorité des paroles qui ont été solennellement prononcées au nom du Roi; et, par cette double garantie, les identifie avec la loi, dont elles sont le commentaire le plus respectable et le plus décisif.

Offrant par leur nature plus de développemens que la loi même, les motifs de la loi doivent nécessairement expliquer ce qui souvent n'est qu'indiqué dans ses considérans et dans ses articles.

Ainsi, bien certainement il résulte de la loi du 5 décembre 1814, et subsidiairement de l'ordonnance antérieure du 21 août, que les Français, long-temps victimes de l'inscription sur les listes d'émigrés (inscription *effacée*, *abolie* par le pouvoir légitime qui jamais n'avoit pu les reconnoître coupables), avoient toujours conservé le droit de propriété, dont la violence et l'injustice leur avoient momentanément ravi la jouissance; et c'est ce que l'exposé des motifs déclare en disant « *que l'ordonnance du* 21 *août* » *n'avoit été que la déclaration d'un fait exis-* » *tant; que la loi, dérivant de la bienfaisante* » *ordonnance du* 21 *août, reconnoît un droit* » *de propriété* QUI EXISTOIT TOUJOURS. »

Il résulte bien certainement de ces mêmes actes, que la loi ordonne partiellement une restitution qu'en principe elle proclame être de justice et de droit, et par conséquent devoir être absolue dans son application et aussi complète que possible dans ses résultats; et c'est ce que l'exposé des motifs confirme en communiquant à la Chambre des Députés « que le Roi » a besoin du bonheur de ceux à qui il va rendre » leurs propriétés, pour adoucir les regrets » qu'il éprouve de ne pouvoir donner à CET ACTE » DE JUSTICE toute l'extension qui est au fond » de son cœur; qu'il est permis de croire qu'*un* » *jour viendra où l'état heureux des finances* » *diminuera successivement les pénibles excep-* » *tions commandées par les circonstances ac-* » *tuelles;* qu'enfin l'espoir doit être ramené dans

» le cœur de ceux *dont le bonheur doit être en-*
» *core ajourné.* »

Nous trouvons dans cet exposé, fait au nom du Roi, les mêmes principes, les mêmes dispositions générales et les mêmes espérances, qui naissent de l'esprit et de la lettre de la loi, mais plus explicitement proclamés.

La Charte, l'ordonnance, la loi, l'exposé des motifs, pris séparément et dans leur ensemble, consacrent le principe du droit de propriété toujours existant dans la personne des émigrés, et conséquemment une restitution soit en nature, soit en argent, mais à titre de justice, de biens injustement et illégalement confisqués.

En restreignant la restitution momentanée à la partie disponible des biens non vendus par l'Etat, la loi de 1814 a bien plutôt donné du répit au Trésor, reconnu débiteur, pour ce que la situation des finances ne permettoit pas de restituer, qu'elle n'a accordé une faveur aux émigrés si légitimement créanciers, en leur rendant une partie de ce qui devoit leur revenir. Les droits des émigrés subsistent indépendamment de la loi du 5 décembre, qui n'a fait que déterminer l'époque et la quotité d'un paiement fractionnaire d'une dette légitime.

La loi pouvoit, sans crainte d'exciter les murmures de Français accoutumés à tous les sacrifices (mais sans nuire à leurs droits), suspendre de la restitution une partie de ce dont l'Etat étoit détenteur, mais dont il ne croyoit pas pouvoir se dessaisir par des motifs allégués d'intérêt public, et surtout le paiement du prix des biens que les droits des tiers acquéreurs ne lui permettoient pas de rendre en nature. Les fidèles serviteurs du Roi qui avoient tout quitté, tout exposé, pour défendre sa noble cause partout où le Roi les avoit envoyés pour la défendre, étoient fiers d'ajouter à tant de marques de dévouement et d'abnégation personnelle, un nouveau sacrifice, fait à la chose publique, en attendant des temps plus heureux pour recevoir le complément effectif de la justice qui étoit due à leurs droits de propriétaires.

La reconnoissance authentique de ces droits sacrés, qu'ils n'avoient jamais perdus, leur suffisoit, parce que justice leur étoit rendue, et que, si elle n'étoit pas entière, ce n'étoit du moins que dans l'application. Aujourd'hui que la situation de nos finances, bien assise sur un budget considérable et sur un immense crédit, permet d'appliquer en entier cette justice si absolue dans son principe, oseroit-on dire que, parce qu'en 1814 on ne pouvoit tout restituer aux émigrés, c'est qu'on ne vouloit leur restituer que cela; que c'étoit (supposition contraire à l'esprit de la législation et à son texte le plus formel et le plus constant) une remise de grâce qu'on leur faisoit, telle que celle dont on humilieroit des coupables?

Les émigrés répondroient: Si l'intérêt public auquel nous avons tout sacrifié l'a commandé, vous avez pu, sans crainte d'exciter la moindre plainte de notre part, garder notre fortune, le soutien de nos vieux ans, le pain de nos familles; vous pourriez les garder encore, si, aujourd'hui comme alors, ce motif si puissant sur nos cœurs vous mettoit dans l'impossibilité de nous les rendre; vous pourriez nous laisser périr de misère à la vue de nos champs qu'un autre moissonne, sur le seuil du palais de ce Roi qui, comme nous et plus que nous, fut déclaré par les lois de l'usurpation privé de ses droits de Français.....

Mais ce qui révolteroit nos esprits, ce qui indigneroit nos âmes, ce qui seroit insupportable à notre pensée, ce qu'il est au-dessus de votre puissance de nous imposer, le sacrifice enfin que nous ne saurions faire à la patrie, ce seroit d'admettre que nous pussions être regardés comme déshérités de la légitimité de nos droits, punissables de la justice qui nous est due, criminels des devoirs que nous avons remplis, déshonorés de l'honneur qui fut toujours le mobile de nos actions......... S'il le falloit, nous saurions encore tout perdre, mais *fors l'honneur.*

CHAPITRE XXIV.

Considérations sur ce qui seroit arrivé si, au moment de la rentrée du Roi, en 1814, tous les biens confisqués, sur particuliers, eussent été au pouvoir de l'Etat, ou si la situation des finances eût permis d'en payer le prix.

Supposons qu'au moment où le Roi fut rendu aux vœux de la France, tous les biens provenant des confiscations sur particuliers eussent fait partie du domaine national, sans en avoir été distraits, même provisoirement, pour quelque cause que ce fût ; sans doute ces biens, par la seule force des choses, fussent rentrés en masse entre les mains de leurs légitimes propriétaires, ainsi que cela est arrivé dès les premiers mois de la restauration, pour les grands domaines dont l'Etat pouvoit disposer, et qui, *en vertu du droit de propriété qui avoit toujours existé*, furent rendus sur de simples ordonnances du Roi.

Dès lors les propriétés particulières étant dans les mains de ceux à qui elles eussent exclusivement appartenu, plus de division entre les citoyens pour des motifs d'intérêt, plus de regrets à satisfaire, plus d'alarmes à calmer. La restitution eût été complète, non parce qu'elle eût été plus juste, mais parce qu'elle eût été possible. Le principe n'eût pas eu plus de force; l'application, seulement, en eût été faite avec plus de promptitude et de facilité.

Il faut conclure de cette supposition d'un fait, que l'objet exclusif de la question sur les biens d'émigrés, consistoit, en 1814, dans les ventes faites par l'Etat, et non dans la confiscation elle-même; et que si cet intérêt d'acquéreur n'eût point existé, il n'y eût pas même eu de question à faire là où la justice, si légitimement due, eût pu s'exercer sans contrainte.

L'intérêt des acquéreurs de biens nationaux fut donc alors le seul intérêt dominant dans les dispositions constitutionnelles, royales ou législatives qui intervinrent; l'intérêt des anciens propriétaires, fondé sur un droit naturel qui n'avoit pas besoin d'être ordonné, n'entra dans ces actes qu'indirectement, etpour se voir soumis aux empêchemens judiciaires qu'exigeoit la garantie politique de l'inviolabilité des propriétés nationales.

Les actes de la couronne ayant prononcé cette inviolabilité, cette irrévocabilité de la vente des biens nationaux, il s'ensuivoit que les anciens propriétaires ne pouvoient poursuivre l'éviction contre les acquéreurs ; mais il ne s'ensuivoit que cela. Leur droit de propriété, surabondamment consacré, même par cette intervention du pouvoir qui, sauf indemnité, a la faculté, dans un intérêt public, de disposer des propriétés particulières, ce droit qui existoit toujours, existoit alors, et existe aujourd'hui, indépendamment de la garantie donnée aux acquéreurs de biens nationaux, et même en vertu de cette garantie qui suppose un droit préexistant de propriétaire, dont il a fallu arrêter l'action civile par un empêchement politique.

Tous les raisonnemens faits par les défenseurs et par les adversaires même des droits des émigrés, aboutissent toujours à arguer de l'impossibilité d'y satisfaire; ce qui, bien loin de repousser, admet au contraire de la manière la plus victorieuse l'invincible légitimité de ces droits.

S'il y avoit possibilité, ont-ils dit, on paieroit aux émigrés une indemnité à raison des pertes qu'ils ont éprouvées. Mais la possibilité ne fait pas la justice; elle en facilite l'application. La justice existe indépendamment des moyens d'y faire honneur, et, du moment qu'on se défend sur l'impossibilité de payer, on avoue que si la possibilité étoit démontrée, la justice du droit seroit, en conséquence de ce fait matériel, reconnue par le débiteur insolvable, ou prétendu tel, qui ne nie la dette que parce qu'il ne peut pas, ou qu'il feint de ne pouvoir pas la payer.

Cette confusion du fait et du droit, de la légitimité de la dette et de l'insolvabilité, même réelle, du débiteur, est le plus pitoyable argument dont la mauvaise foi puisse faire usage; et c'est le seul qui reste à ceux qui veulent à tout prix faire méconnoître les droits des émigrés.

L'impossibilité momentanée de restituer les émigrés, soit en nature, soit en argent, qui, en 1814, a réellement existé, et qui depuis est devenue le prétexte de tant d'erreurs sur la légitimité même des droits qu'elle confirmoit, n'ayant été produite que par le fait consacré de ventes qui avaient eu lieu, ce fait de l'aliénation de leurs biens est aussi étranger à la justice de la restitution des émigrés, que l'impossibilité accidentelle de restituer ou de payer.

On ne sauroit mettre en doute l'intégralité de la restitution en nature, en 1814, si l'absence totale de la vente des biens confisqués les avoit laissés, sans exception, au pouvoir de l'Etat. On admet subsidiairement, avec toutes les déclarations royales ou législatives, que si la situation des finances l'eût permis, on auroit, même dès cette époque, ajouté à la restitution en nature qui fut opérée, par le paiement dès lors possible du prix des biens vendus. Il faut donc que l'on convienne que, dans l'une et l'autre hypothèse, la justice n'a pas manqué, puisque, si l'application en avoit été possible, toute justice eût été rendue; il faut que l'on en vienne à cette double conséquence, de reconnoître les droits toujours existans des émigrés à la restitution, au paiement de ce qui leur est dû, et de satisfaire ces droits, dans tous les cas où il y auroit possibilité de le faire.

Les droits des tiers acquéreurs s'opposent à ce que la première cause de la non restitution des émigrés puisse jamais s'éteindre. Mais rien ne s'oppose, tout concourt même à ce que les émigrés puissent recevoir toutes les satisfactions les plus promptes que la situation des finances de l'Etat débiteur pourra leur accorder. La justice, les convenances sociales, imposent l'obligation rigoureuse de remplir les engagemens contractés par les déclarations les plus authentiques; en conséquence des droits préexistans, devenus, par l'intervention positive du pouvoir légitime, d'autant plus inattaquables dans leur principe, et d'autant plus obligatoires dans l'application.

Pour avoir été retardée dans l'exécution, la justice n'en devient que plus pressante, que plus sacrée. Les droits des émigrés, pour avoir été suspendus dans la restitution exigible, soit en nature, soit en argent, n'en sont devenus que plus respectables; et ce retard, bien loin de les infirmer, n'a fait que leur prêter une force morale de plus, par la touchante résignation de ceux qui, depuis un si long-temps, et après les infortunes les plus grandes comme les plus honorables, se sont interdit toute action pour les faire valoir, en considération de l'intérêt public, à qui ils ont cru devoir faire ce nouveau sacrifice.

Tant que les émigrés ont pu soupçonner dans l'Etat l'impossibilité de les payer, ils ont respecté la position de leur débiteur, qui ne pouvoit leur être indifférente. Mais si, assurés d'une solvabilité qui ne peut plus exciter leurs craintes sur les suites de leurs justes réclamations, ils voient, selon l'espoir qui leur en fut solennellement donné, venir enfin ce jour où l'état heureux des finances doit diminuer, doit faire disparoître les pénibles exceptions commandées par d'autres circonstances, il leur est permis de demander une justice dont l'application bienfaisante, loin de tourner contre la chose publique, doit au contraire lui donner plus de calme et de stabilité.

C'est en vertu du principe toujours existant de leursdroits de propriétaires, confirmé par les déclarations les plus irrécusables, que les émigrés ont le droit de réclamer de l'Etat ce qui leur est dû à raison des confiscations injustes dont ils ont été les victimes. C'est en considération de la possibilité reconnue de recevoir ce complément de restitution, résultant de la situation florissante de nos finances, qu'ils viennent aujourd'hui le demander. La possibilité du paiement se joint à la justice de la réclamation, pour donner à leur demande et aux actes qui pourroient la suivre, et qui, au besoin, devroient la soutenir, la force invincible de l'autorité des lois, unie au respect le mieux senti et le plus éprouvé, que l'on doit aux convenances et aux décrets impérieux de la nécessité.

CHAPITRE XXV.

De la quotité et de la nature de la restitution. Remise en nature de ce qui est encore au pouvoir de l'Etat. Rentes sur l'Etat, réintégrées au tiers de leur valeur primitive. Paiement du prix des biens meubles ou immeubles dont le pouvoir légitime a disposé.

La restitution à titre de justice, prise dans un sens absolu, devroit remettre les restituables en possession des biens confisqués, dont, par le fait de la justice de leur réhabilitation, ils n'ont jamais cessé d'être légitimes propriétaires.

Modifiée par le respect des droits des tiers-acquéreurs, garantis par l'Etat qui leur a conféré la légitime propriété de leurs acquisitions, la restitution à titre de justice, commande la remise en nature aux propriétaires, à leurs héritiers ou ayans-cause, de tout ce qui reste encore à la disposition de l'Etat, et le paiement du prix des biens qui sont devenus l'inviolable propriété de tiers.

La remise en nature des biens non vendus est facile, puisque ces biens existent sans autre droit de propriété que celui des émigrés qui réclament d'être remis en possession. Selon la déclaration de l'ordonnance du 21 août 1814, cette restitution en nature des biens non vendus doit être opérée, sans distinction de meubles ou d'immeubles, l'Etat n'ayant pas plus qualité de propriétaire pour les uns que pour les autres.

Si, en 1814, on n'a point rendu les effets mobiliers, c'étoit, selon l'intention de la législature, solennellement exprimée par M. Lainé, à cause de l'indigence de la patrie, et pour ne pas dépouiller les établissemens publics; mais lorsque l'état plus heureux des finances permet de remplacer, au besoin, ce que l'on ne peut plus se dispenser de rendre, pourroit-on retenir plus long-temps, sans motif, cette portion des propriétés d'une classe recommandable de citoyens

Si, en 1814, il a été impossible de dépouiller les hospices des biens qui avoient été affectés à ces établissemens respectables, en remplacement de leurs biens aliénés, comment seroit-il possible, aujourd'hui que la situation de nos finances peut le permettre, de se refuser à échanger ces biens, ainsi retenus, contre de nouvelles dotations? ou bien si l'intérêt public exigeoit qu'il n'y eût pas un nouveau déplacement des propriétés, comment pourroit-on se soustraire à l'obligation de payer aux propriétaires, leurs héritiers ou ayans-cause, le prix des biens qu'on se croiroit dans la nécessité de disposer définitivement en faveur de ceux qui les possèdent ?

Si, en 1814, le service public a réclamé, pour un temps indéterminé, la jouissance d'une partie des biens de la restitution, ne seroit-il pas temps enfin que l'Etat s'arrangeât pour en opérer la remise, ou qu'à défaut il se décidât à en payer le prix ?

Si, en 1814, les rentes sur l'Etat n'ont pu être inscrites sur le Grand-Livre au tiers de leur valeur primitive, comme toutes les dettes de même nature, parce qu'alors il répugnoit à M. le Baron Louis, ministre des finances, « d'inscrire des rentes sur le Grand-Livre avant » d'avoir créé le revenu suffisant, pour en assu- » rer le paiement et l'amortissement (1), » parce qu'à côté de cette disposition, dangereuse selon M. Bedoch, M. le rapporteur du projet de loi « voyoit un abîme qui pouvoit en- » gloutir tous les moyens de prospérité natio-

---

(1) Séance de la Chambre des Députés du 31 octobre 1814. *Moniteur* du 1er novembre.

» nale (1) », pourroit-on bien, aujourd'hui que l'on sait ce que valent ces exagérations, et que le mouvement imprimé à notre crédit ne sauroit plus excuser ces craintes, pourroit-on bien ne pas s'empresser de réintégrer une classe recommandable d'anciens rentiers qui, ayant recouvré de fait un droit de propriété qu'ils n'ont jamais perdu de droit, demandent à être traités comme les autres créanciers de l'Etat?

Nous ne nous arrêterons pas, quant à cette partie de la restitution, à l'objection proposée par les adversaires des droits des émigrés, et fondée sur ce que les rentes sur l'Etat, possédées par ces dignes Français, se sont éteintes par la confusion depuis les lois révolutionnaires qui auroient acquis à l'Etat les biens des émigrés. Cette subtilité ne peut tenir contre le principe qui veut que d'après la réhabilitation produite à l'égard des émigrés, par la restauration du pouvoir légitime, ils soient considérés comme ayant toujours eu la possession de leurs biens, puisque réellement ils en ont toujours eu la propriété.

Or, d'après ce principe de justice, l'Etat, débiteur de la rente appartenant aux émigrés,

---

(1) Séance de la Chambre des Députés du 31 octobre 1814. *Moniteur* du 1er novembre.

n'en ayant jamais été propriétaire, et n'étant pas conséquemment devenu son propre créancier, la confusion n'a pu avoir lieu ; la confusion ne se faisant que *lorsque les qualités de créancier et de débiteur se réunissent dans la même personne* (1).

M. Blanquart de Bailleul, l'un des orateurs qui, dans la discussion du projet de loi du 5 décembre 1814, repoussèrent avec force le système contraire, « en rendant ces rentes, s'é» crioit-il, blesse-t-on les principes ? Non : qui » possède ces rentes ? L'Etat : qui les rend ? » L'Etat : où seroient donc les motifs d'en écar» ter la remise ? » L'Etat effectivement étoit possesseur des rentes de la même manière qu'il étoit possesseur des divers objets de la restitution opérée par la loi de 1814. N'étant pas plus propriétaire des uns que des autres, puisqu'il a rendu ces derniers, il n'en est pas moins obligé à rendre les premières, lorsque la situation de ses finances le lui permet, et au même titre, c'est-à-dire comme restitution de justice : et cette restitution ne pourroit avoir d'autre caractère ; car si elle étoit de faveur, de munificence publique, l'Etat n'auroit dû aucune remise ; et, ne la devant pas, il n'auroit pû la faire aussi con-

(1) Code civil, art. 1300.

sidérable, et à des sujets qu'il seroit ridicule de juger dignes de recevoir des récompenses nationales, lorsqu'on les déclareroit indignes de la justice qu'ils invoquent.

Si nous entrons, relativement aux rentes sur l'Etat, dans des détails particuliers, c'est qu'il importe à cet égard de bien établir la situation des parties, afin de déterminer la nature, et conséquemment la quotité de la restitution, à laquelle ces rentes doivent donner lieu.

Si nous avons démontré que la propriété a toujours appartenu aux émigrés, jamais à l'Etat, il sera juste d'en conclure que non seulement l'Etat doit la réintégration de ces rentes au tiers de leur valeur primitive, mais encore le paiement des arrérages depuis l'origine de la suspension, vu que successivement la prescription qu'on voudroit opposer, ou n'a pas commencé, ou a été suspendue.

En premier lieu, la prescription n'a pu commencer, d'après les actes de violence (1) qui, jusqu'à la restauration du pouvoir légitime, ont

---

(1) Code civil, art. 2233. « Les actes de violence ne » peuvent fonder une possession capable d'opérer la pres- » cription. La possession utile ne commence que lorsque » la violence a cessé. »

fait que les émigrés n'ont été habiles à présenter aucune réclamation ni opposition.

En second lieu, la prescription qui avoit commencé à courir de la date du premier retour du Roi, jour où la violence avoit cessé, a été suspendue par la loi du 5 décembre 1814, qui de droit a placé les rentes sur l'Etat dans ses exceptions, puisqu'elle ne les a pas comprises dans les restitutions qu'elle a ordonnées (1).

La restitution des biens meubles ou immeubles, ou le paiement du prix de ce qu'il n'est pas possible à l'Etat de rendre en nature, emportent nécessairement la restitution des fruits, ou le paiement des intérêts, à compter du jour de la publication de la Charte constitutionnelle, acte par lequel le pouvoir légitime a disposé des biens vendus des émigrés, qu'il a en même temps réintégrés dans tous leurs droits civils et politiques.

« *Dès lors*, dit l'ordonnance du 21 août 1814, » les inscriptions sur les listes d'émigrés ont » été *effacées*... » ; et plus loin : « Toutes les inscriptions sur les listes d'émigrés sont et de-

---

(1) Code civil, art. 2251. « La prescription court contre » toutes personnes, à moins qu'elles ne soient dans quelque » exception établie par une loi. »

» meurent ABOLIES, *à compter du jour de la* » *publication de la Charte constitutionnelle.* »

L'abolition éteint tous les effets de la confiscation qu'elle déclare injuste, et par conséquent comme n'ayant dû jamais avoir lieu ; la restitution qui en dérive est de justice absolue, entière, et doit avoir enfin toutes les conséquences d'une pareille restitution, qui est de remettre le restituable dans le même état où l'avoit trouvé la confiscation. Il sembleroit, d'après ce principe incontestable, que la restitution des fruits, ou le paiement des intérêts, devroient compter, pour les émigrés, du jour même de la confiscation. En thèse générale, cette conséquence seroit de rigueur : dans la question qui nous occupe, il est une distinction à faire qui modifie la conséquence par une différence essentielle existante dans le principe.

Le pouvoir légitime, reprenant l'empire, a établi les conditions d'après lesquelles l'Etat seroit administré sous son influence. Par la Charte qu'il a donnée à cette occasion, il a laissé dans le néant des prétendues lois qu'il n'a pas cru devoir légitimer par sa sanction, et dont par conséquent il n'a pas voulu garantir les effets, sauf les exceptions expressément réservées. De ce nombre sont les lois révolutionnaires sur l'émigration, qui, ainsi abandonnées à leur nullité, n'ont pu engager à rien le pouvoir légitime qui les repoussoit.

Par son article IX, la Charte a seulement conservé comme inviolable l'effet matériel de la vente des biens nationaux, tandis que par l'abolition, de fait et de droit, de la mort civile et de la confiscation dont étoient illégitimement frappés les émigrés, l'Etat a été rendu passible de la restitution de leurs biens non vendus, et du paiement des biens vendus dont l'article IX a disposé.

En garantissant la dette publique, l'art. LXX n'admet certainement que la dette publique existante au moment de la publication de la Charte, et ne déclare inviolables que les engagemens pris par l'Etat avec ses créanciers. Lui demander aujourd'hui plus qu'il n'a promis et qu'il ne lui a été permis de promettre, seroit une injustice.

Le pouvoir légitime, n'ayant reconnu que la dette publique existante, et que l'inviolabilité des engagemens pris par l'Etat, a conséquemment excepté de cette garantie toutes les pertes qui ne se trouvent pas comprises dans les catégories indiquées.

S'il n'eût point garanti l'irrévocabilité de la vente des biens nationaux, il seroit résulté de cet état de choses, que les émigrés, en vertu de l'abolition de droit et de fait, seroient rentrés, sans exception, dans la libre jouissance de leurs biens, mais dans l'état où ces biens se seroient trouvés, et sans que le pouvoir légitime, qui à cet égard n'avoit rien à faire, puisqu'il avoit cru ne devoir prendre aucun engagement relatif, fût tenu à tenir compte des fruits ni des dommages qui pouvoient résulter de la possession ou de la vente illégitime des biens restitués.

Quant aux rentes sur l'Etat, appartenant à des émigrés, si les arrérages en sont dus, c'est parce que ces rentes, ayant toujours fait partie de la dette publique, puisque l'Etat, non propriétaire et toujours débiteur, en a toujours dû le paiement, sont garanties de droit en vertu de l'article LXX.

Ainsi les rentes sur l'Etat, appartenant à des émigrés, sont dues avec les arrérages depuis la suspension du paiement.

Ainsi les meubles ou immeubles doivent être restitués, valeur du 4 juin 1814, jour de la publication de la Charte constitutionnelle.

Ainsi le prix de ce qu'il n'est pas possible à l'Etat de rendre en nature, doit être payé valeur du même jour.

Ici l'on va se récrier de nouveau sur les sommes considérables que l'Etat doit payer. Nous ne pouvons que répéter que ce qu'il s'agit d'abord de démontrer, c'est la justice, et non la possibilité du paiement. Une fois qu'il est reçu que le paiement doit être fait (et nous croyons avoir suffisamment donné cette conviction), rien de plus facile, ainsi que nous l'avons dit au commencement de cet ouvrage, que de s'assurer s'il est possible, et jusqu'à quel point il est possible de déclarer la quotité à payer, sauf à effectuer ce paiement en la manière, et, s'il y avoit lieu, avec les délais que pourroit commander la situation du débiteur.

Depuis que l'*Association constitutionnelle* s'est formée *pour la défense légale des intérêts légitimes*, les ministres, après avoir fait rejeter par leur Censure, des journaux de Paris, tous les articles explicatifs de l'Association, ont permis qu'elle restât sans défense contre les attaques d'un certain journal français et d'un certain journal anglais; et tout à coup il a été insinué dans un certain public, qu'à l'ouverture de la session, les ministres se proposoient de demander un crédit de dix millions destinés, ajoute-t-on, à distribuer aux émigrés des pensions, dont la plus forte seroit de 10000 fr., et la moindre de mille écus : admirable calcul que, moins confians dans ces *on dit*, fabriqués pour amuser et séduire la crédulité, nous allons soumettre à la puissance légitime des chiffres.

Dix millions de rentes annoncés, ou promis de cette sorte, peuvent bien donner pour chaque émigré le terme moyen d'une rente de 6000 f., ou, si l'on aime mieux, d'un capital de 120,000 f.; mais dans leur application assez probable, et rien moins qu'exagérée à cent mille familles d'émigrés, dix millions de rentes ne donnent jamais pour chaque famille qu'une rente de 100 f. autrement dit 2000 f. de capital. Est-ce bien là, nous le demandons, ce que, l'une dans l'autre, chaque famille a perdu? Considérée même comme secours, *une rente de* 100 *fr. par famille* ne seroit-elle pas une amère dérision?

S'il étoit impossible à l'Etat de faire mieux pour le moment, on concevroit qu'il pût offrir cette somme comme un à-compte, toujours bon à recevoir. Mais comment l'Etat, qui vient de remplacer par de véritables dons les pertes de ceux qui, enrichis par la conquête, avoient été dépouillés par la conquête; comment l'Etat, qui naguère, ayant à placer pour douze millions de rentes, a reçu des soumissions pour plus de quatre fois cette valeur; comment l'Etat qui jouit par son budget d'un revenu si considérable et si assuré; comment l'Etat qui est en plein crédit, pourroit-il retarder encore le paiement de dettes si légitimement dues à des créanciers dont presque tous sont dans le besoin, dont quelques uns meurent de faim?....

Nous nous arrêtons devant l'immense tableau de tant de nobles et déchirantes infortunes, que nous pourrions dérouler à tous les yeux, et dont les cœurs les plus endurcis seroient peut-être émus;..... nous ne saurions oublier que nous n'avons entrepris notre honorable tâche que pour réclamer la justice qui est due à nos malheureux clients; et non pour solliciter une pitié qu'il ne leur convient pas d'exciter, et qui s'exhaleroit, comme par le passé, en regrets inutiles, et peut-être en promesses perfides ou en refus insultans.

L'Etat est débiteur; l'Etat peut payer : l'Etat doit payer. Il ne pourroit agir autrement, proposer même, comme paiement définitif, le quart, le tiers, la moitié de la dette, sans se mettre en état de banqueroute et de banqueroute frauduleuse.

Dès lors plus de valeur dans les propriétés, plus de crédit public, et conséquemment une gêne toujours croissante dans la perception de l'impôt; et, pour remplacer ce qui manqueroit par le revenu, plus de possibilité d'emprunt, ou du moins qu'à des conditions onéreuses, sources funestes de ces terribles catastrophes qui frappent également les Etats comme les particuliers.

CHAPITRE XXVI.

Des difficultés qui, dit-on, s'opposeroient au complément de la restitution en nature pour les biens non vendus, et surtout de la restitution en argent pour les biens vendus.

L'objection que l'on tire avec tant de complaisance de ce que les sommes à payer, trop considérables, seroient onéreuses à l'Etat, tombe d'elle-même : car, ou l'Etat est solvable, ou il ne l'est pas; s'il peut payer, toute difficulté est aplanie ; s'il ne peut pas payer, ou s'il ne peut payer qu'une partie de la dette, il ne l'en reconnoît pas moins, pour s'acquitter lorsque la situation de ses finances pourra le lui permettre. Et, comme nous l'avons dit, c'est tout simplement un fait à vérifier.

Mais, dira-t-on, comment sera-t-il possible de régler le complément de la restitution soit en nature, soit en argent? Comment se retrouver, dans ce chaos informe de confiscations disséminées sur une multitude de détenteurs et d'acquéreurs? Comment surtout retrouver la valeur des biens vendus, pour en payer le juste prix à l'ancien propriétaire ?

Quant à la restitution en nature, rien n'est plus facile. Chaque émigré justifiant de son droit de propriété sur tel et tel objet, la remise en ses mains n'est soumise qu'aux formes très-simples d'une mutation sans frais, faite par le détenteur obligé de rendre au propriétaire fondé à recevoir.

Si les biens non vendus et réclamés sont utiles, nécessaires, indispensables à l'établissement public qui en a la jouissance, ces biens peuvent être remplacés d'une manière convenable par l'Etat, qui, à défaut de ce remplacement, a la faculté, en vertu de l'article X de la Charte, d'*en exiger le sacrifice pour cause d'intérêt public, mais avec une indemnité préalable;* c'est-à-dire avec une indemnité payable valeur de la date de la Charte constitutionnelle, jour où la remise devoit en être faite.

Quant à la réintégration des rentes au tiers consolidé, avec le paiement des arrérages depuis la suspension du paiement, il suffit, tant pour les rentiers perpétuels que pour les rentiers viagers, d'un simple calcul de réduction du capital, avec inscription explicative sur le Grand-Livre, et d'accumulation de la rente, non payée jusqu'au jour de l'inscription, à acquitter en argent, ou en valeurs considérées comme argent.

Reste l'indemnité à payer à raison de ce que,

définitivement, il sera impossible à l'Etat de restituer en nature. Et ici nous sommes loin de nous dissimuler les difficultés qui entourent cette opération. Toutefois il ne nous est pas permis de les croire insurmontables. La justice est toujours possible ; et là où il y a un droit certain, on est toujours sûr de trouver un moyen victorieux d'en faire l'application d'une manière raisonnable. Aucun obstacle d'ailleurs ne sauroit arrêter, lorsqu'il s'agit d'être juste ; et l'on doit avoir à faire le bien au moins la même ardeur dont les méchans sont animés pour faire le mal. En politique, telle est la morale qui sauve les Etats ; tout autre doctrine les perd : les nations périssent bien plus par l'indifférence des mauvais citoyens que par les complots des factieux.

Ce seroit le comble de la mauvaise foi, de la folie et du ridicule, une sorte de niaiserie atroce, que de commettre volontairement une grande injustice, uniquement par la crainte de quelques petites injustices, involontaires, que les détails de la réparation pourroient entraîner. Refuseroit-on à un malheureux blessé les secours de l'art, sous le prétexte que leur application douloureuse pourroit lui arracher quelques plaintes ?

« Osons avec l'illustre maréchal que nous
» avons toujours à citer, osons nous lancer, ar-
» més de toutes les forces de la nation, dans un

» vaste système d'indemnités. » Que l'Etat ose vouloir la justice, et la justice ne lui manquera pas.

Qu'il examine ces titres de propriété que les dépossédés lui présenteront, ou dont lui-même trouvera des traces instructives dans ses propres actes; qu'il compare la différence des valeurs selon les temps, les circonstances, la force du revenu, le prix relatif de la vente; et, en définitive, il trouvera que le règlement, si redoutable en apparence de ces nombreux intérêts, présente au fond moins de difficultés que la plupart de ces prétentions de famille, que chaque jour des arbitres sont appelés à régler.

Ici, au surplus, l'Etat est en présence de créanciers qui, pour si malheureux qu'ils puissent être, sont plus avides d'honneur que d'argent, et tiennent bien plus à faire éclater la légitimité de leurs droits qu'à les faire valoir dans toute leur rigueur. Sans doute ils veulent avoir ce qui leur appartient; mais, en réclamant ce qui leur est dû, leur générosité saura toujours abandonner des prétentions incertaines pour ne soutenir que des demandes incontestables. Rentrer dans ce qui sera évidemment reconnu pour être leur bien, et se voir enfin délivrés du poids insupportable de cette cruelle injustice qui feint de les juger coupables pour avoir l'affreux prétexte de les traiter comme tels ; voilà le double but vers lequel ils aspirent, voilà la justice qui leur convient, et telle qu'ils sauront la poursuivre, si on pouvoit ne pas la leur accorder.

CHAPITRE XXVII.

Avantages résultant pour les particuliers et la chose publique, de la justice rendue aux familles dépossédées.

La justice que réclament à si juste titre les Français violemment dépossédés par les prétendues lois de la révolution, absolue en principe, doit être, dans l'application, aussi entière que possible. Les actes de l'usurpation, pompeusement décorés du nom de lois, auroient-ils le caractère et l'autorité des lois ; les lois révolutionnaires de la confiscation, conséquentes avec elles-mêmes, seroient-elles inattaquables dans leur exécution, il auroit encore fallu en repousser les tristes effets, du moment que, sous l'influence du pouvoir légitime, on a solennellement reconnu l'innocence de ceux qui en furent injustement frappés.

Leur retenir cette justice, les traiter comme si on leur faisoit grâce, ce seroit les déclarer coupables, contre la force préexistante du principe de leur innocence, la conscience de la légitimité de leurs droits, et les déclarations du pouvoir légitime, qui se seroit condamné lui-même, s'il avoit pu laisser flétrir les Français qui, dans des temps de troubles et de factions, restèrent fidèles à ses drapeaux.

Cette justice absolue doit être aussi entière que possible, afin que personne ne soit tenté de la regarder comme une humiliante faveur, et que chacun, dans ce siècle de calcul, même le fidèle malheureux, puisse avoir ce qui lui appartient.

Cette justice absolue doit être aussi entière que possible, dans l'intérêt des acquéreurs des biens des dépossédés, afin de donner à ces biens, malheureusement distingués des biens patrimoniaux, la considération morale et la valeur réelle qu'ils ne peuvent tenir que de l'opinion.

La loi peut commander le respect de toutes les propriétés; mais son pouvoir ne sauroit aller jusqu'à forcer la confiance. Elle a ordonné que les nouveaux propriétaires des biens confisqués sur les famillles ne fussent point inquiétés, elle est obéie; mais elle est impuissante pour aller chercher les écus dans la bourse du capitaliste, qui trouve à les placer autrement que sur des biens, frappés de réprobation par la conscience publique, à la vue de leurs plus anciens propriétaires ruinés sans cause légitime. Ainsi le propriétaire d'un bien national n'en est en quelque sorte que l'usufruitier perpétuel : il en a la jouissance bien assurée ; mais il ne peut que difficilement, et à des conditions très-misérables, le soumettre à la vente, ou à de foibles et pénibles emprunts.

S'il faut en croire ce qu'en a dit dernièrement un écrivain qui est bien loin de s'être fait le défenseur des droits des émigrés, quoique, par ses assertions, il leur ait prêté la force la plus irrésistible : « Ces propriétés vont complète-
» ment sortir du commerce : les acquéreurs ne
» pourront les vendre qu'à vil prix, et c'est ce
» qui se passe en France depuis 1815 ; ne pour-
» ront les offrir en hypothèque, et c'est ce qu'on
» voit déjà dans la Bretagne ; ne pourront
» même les donner en dot à leurs enfans, et
» c'est ce qu'on a déjà vu dans les Vosges (1). »

L'auteur nous paroît seulement se tromper, lorsqu'il ne fait remonter qu'à 1815 la date du discrédit dont sont frappées les propriétés qu'on appelle *nationales*. En 1814, et dans les années qui se sont écoulées entre l'époque des premières ventes et celle de la restauration du pouvoir légitime, il est de fait que cette sorte de

---

(1) D'une Association *prétendue* constitutionnelle *contre* les acquéreurs de domaines nationaux ; par M. J. Pages. Août, 1821.

propriété étoit loin d'avoir dans le commerce la valeur des biens patrimoniaux. La plupart des contrats de vente faite par les acquéreurs, réservoient une certaine somme sur le prix déjà modéré de l'acquisition, à la charge à l'acheteur de se rendre passible de toutes les chances éventuelles de l'éviction.

Cette précaution de la peur d'un côté, de l'autre cette hardiesse de spéculateur qui portoit le nouvel acquéreur à placer ainsi son argent à la grosse aventure, se retrouvent jusque dans des cessions de biens du clergé. Nous connoissons un bien de cette origine qui valoit réellement une soixantaine de mille francs, et qui fut vendu trente mille francs, diminués d'un abandon de six mille francs fait en faveur de celui qui prenoit, et qui, moyennant cet abandon, se mettoit à la place du vendeur, comme s'il eût acquis directement de l'Etat.

La vente des biens d'émigrés, non consolidée dans l'opinion par le désintéressement légitime des plus anciens propriétaires, produit une sensation funeste sur les biens provenant du clergé, et même sur la propriété en général, aujourd'hui que le principe du droit de propriété, resté sans réparation, semble dans l'opinion offrir un gage moins sûr que les mouvemens si dangereux de la Bourse, que les chances souvent si incertaines de la Banque et du commerce, où du moins on n'a à craindre que les hasards malheureux et les suites de sa propre inhabileté.

Cette opinion irrécusable, puisqu'elle est un fait dont se plaignent nos adversaires mêmes, est fondée sur un principe qu'il est essentiel de respecter, si l'on veut que l'ordre se maintienne.

L'Etat ne peut se créer la légitimité de vendeur, qu'il n'a eu aucun autre droit de s'approprier, que par les moyens ordinaires d'achat de la propriété, soit que cet achat s'opère par un prix convenu, soit qu'il ait lieu postérieurement à la jouissance, par une indemnité équivalente au prix réel de la propriété. Car tant que l'ancien propriétaire n'est pas désintéressé, sa propriété lui reste toujours, au moins dans l'opinion, comme le gage, dès lors frappé de réprobation morale, d'un paiement qui tôt ou tard doit être effectué.

D'où vient que, sous le gouvernement légitime, toutes les parties de la puissance publique protégent en vain, quoique de la meilleure foi, et par tous les moyens possibles, l'inviolabilité même d'opinion, des propriétés appelées *nationales*? C'est de ce que la loi ne peut constater utilement que les résultats réels ; et en résultat, le non désintéressement des anciens propriétaires, qui est une injustice, fait peser sur des propriétés qui, dans le vague de la croyance générale, sont le gage futur de l'indemnité, tout le discrédit d'une hypothèque morale, la plus effrayante de toutes, puisque rien ne la règle et n'en détermine ni la forme, ni la quotité.

Ainsi, sans parler de la défaveur qui en rejaillit sur la propriété en général, et plus particulièrement sur les propriétés provenant de la vente des biens du clergé, voilà les propriétés qui ont pris leur origine dans la spoliation non réparée des familles, en dehors du commerce, paralysant les effets réciproquement favorables qui naîtroient de la facilité des mutations, et funestes à leurs possesseurs autant qu'à la société, où elles portent le germe des principes de confusion et de désordre qui bouleversent les Etats.

L'ordre n'est ébranlé que parce que le sol tremble ; atteint dans le droit de propriété par une violation manifeste de la justice, ce n'est que par un rappel à la justice qu'on peut le ramener à cette stabilité si désirable pour les intérêts quelconques des particuliers.

Cette justice, principe de l'ordre, garant invincible de tous les droits dont la société politique doit compte à ses membres, est si admirable dans tous ses développemens, que souvent elle ne coûte rien, ou presque rien, à ceux qui au fond ne lui donnent que ce qui lui est dû, et qu'il est de son essence de préserver des plus grands malheurs, et d'enrichir de tous ses bienfaits.

Par son intervention généreuse dans l'important sujet qui nous occupe, elle fait d'abord rentrer dans une main ce que l'autre main aura donné. Une masse de propriétés, inertes aujourd'hui, demain rendues à l'action productive du commerce et aux droits du fisc, pourroit-elle ne pas remplacer par ce double moyen de recouvrement et de prospérité les sommes que l'Etat auroit à payer pour les affranchir de la défaveur dont elles sont frappées par l'injustice non réparée de leur origine?

« J'invoque à l'appui de ma proposition, a » dit en 1814 M. le maréchal Macdonald, j'in» voque l'opinion publiée par M. le comte Gar» nier sur le budget, opinion à laquelle le mi» nistre des finances (M. le baron Louis) a » donné de si justes éloges. Il évalue à quatre» vingt-dix millions les produits de l'enregis» trement, et dans cette évaluation, il fait en» trer les droits perçus sur les biens nationaux, » pour un tiers. Il ajoute que les mutations de » ces biens, totalement paralysées par des in-

» quiétudes séditieuses, priveront le Trésor de » cette branche de revenu. Donc, en faisant » disparoître ces inquiétudes, *trente millions* » *seront rendus au Trésor;* donc en les laissant » subsister, au moins une partie notable de » ces trente millions est perdue pour lui. Qui » ne sait que les droits se perçoivent en raison » du prix des immeubles? Non seulement ils » ont cessé d'être dans le commerce, mais » ils ont perdu la moitié de leur valeur dans » les partages; *ils n'en ont plus aucune dans* » *les transactions hypothécaires.* Si ce déplo- » rable état de choses continuoit, les capitaux » de la France seroient atteints de la plus ef- » frayante dégradation (1). »

Ce sombre tableau de ce qui existoit en 1814, d'après l'avis réuni de M. le comte Garnier, de M. le duc de Tarente, et même de M. le baron Louis, malheureusement ne s'est pas éclairci depuis cette époque, puisque les effets de l'injustice, en continuant à peser sur les victimes, devoient augmenter, bien loin de diminuer le vice reconnu de notre position. Les propriétés appelées *nationales*, frappées d'un discrédit

---

(1) Développement de la proposition faite par M. le maréchal de Tarente dans la séance de la Chambre des Pairs du 3 décembre 1814. Séance du 10 du même mois.

absolu dans ses résultats, ainsi que nos adversaires même ne peuvent s'empêcher de le déclarer, réclament plus instamment une exécution prompte et plus absolue de la mesure de réparation proposée par l'illustre maréchal.

Les acquéreurs des biens nationaux, non par la crainte d'être dépossédés, puisque leurs propriétés sont garanties par la loi à l'égal des autres propriétés, mais par la privation où ils sont réellement d'en disposer à leur entière convenance, comme ils le feroient d'un bien patrimonial, sont plus particulièrement intéressés à ce que justice soit enfin rendue par l'Etat aux anciens propriétaires. Ce n'est point pour aucun motif qui puisse infirmer les droits de propriété acquis aux nouveaux propriétaires par la garantie du pouvoir légitime, que nous faisons cette remarque à l'appui de laquelle nous pourrions citer plus d'un exemple; mais seulement pour démontrer que la restitution en nature pour l'invendu, et en argent pour le vendu, faite, à titre de justice absolue et entière; aux familles des anciens propriétaires des biens nationaux, bien loin de nuire aux propriétaires actuels, leur est doublement favorable, en ce qu'en établissant dans l'opinion leur droit de propriété, à l'égal de la garantie inattaquable qui lui est donnée par la loi, il doit en augmenter la valeur, à l'égal des propriétés qui à la fois sont consacrées et par la loi et par l'opinion.

Mais si la justice due aux familles dépossédées est d'un si grand intérêt et pour ces familles elles-mêmes, et pour ceux qui, selon la loi, propriétaires à un titre égal, leur ont succédé dans la possession de leurs biens, combien son action merveilleuse importe plus fortement encore à la chose publique!

Le calme, rétabli dans tous les esprits et dans toutes les consciences, doit faciliter et rendre plus agréables et plus fructueuses les relations entre particuliers, et surtout donner au sentiment de la propriété une action plus vivifiante. De là, ce mouvement plus utile qui, favorisant toutes les transactions, doit faire qu'elles soient plus profitables à l'Etat, par une perception plus forte et plus assurée de l'impôt. De là cet amour pour l'héritage de la famille, qui, rendant le propriétaire du sol plus attentif à faire prospérer le patrimoine inviolable de ses enfans, accroît sa richesse personnelle, la prospérité de son pays et la sécurité générale, en augmentant, sans épuiser la terre, la masse bienfaisante de ses productions.

Dans un pays heureux des lois qui mettent

en jeu tous ses moyens les plus naturels de fortune et de splendeur, plus d'inquiétudes factieuses que dans ce petit nombre de têtes organisées pour le mal, et tournant dès lors vers les crimes ordinaires que la justice ordinaire punit, cette ardeur désordonnée qu'ils ne peuvent plus diriger vers l'espoir d'attentats politiques, impossibles chez un peuple qu'aucun prétexte d'intérêt particulier ne peut plus émouvoir.

La France étant une fois délivrée du spectacle douloureux d'injustices non réparées, qui contrastent d'une manière si pénible, si effrayante, avec des jouissances qui du moins rappelent une odieuse origine, plus de plaintes accusatrices d'un côté, de l'autre plus de craintes alarmantes, partout la satisfaction des droits légitimes effaçant jusqu'au souvenir des divisions des esprits, et ramenant l'ordre sur les bases inébranlables du droit de propriété raffermi par la justice.

L'esprit de parti réduit à n'avoir pour tout appui que des opinions incertaines, ne sauroit se soutenir sur un fondement aussi variable. L'esprit de parti ne prend une force redoutable que lorsqu'il peut remuer des intérêts toujours puissants parce qu'ils sont positifs. Otez aux factieux ce moyen trop réel de donner de la consistance à leurs desseins, et vous n'aurez plus de parti qui puisse compromettre la stabilité de l'Etat.

Aussi voyons-nous comment les hommes que, sans trop d'injustice, on pourroit accuser de n'être pas les amis les plus dévoués de l'ordre et de la légitimité, réunissent tout ce que la perfidie et la mauvaise foi peuvent offrir de moyens d'illusion, pour s'opposer à cet élan généreux vers la justice, qui, en résultat, doit satisfaire des intérêts légitimes, sans nuire aux intérêts de personne, et réintégrant non seulement les propriétaires, mais LA PROPRIÉTÉ elle-même dans le libre développement de ses droits, replace cette base sacrée qu'on ne déplaça il y a vingt-huit ans, que pour bouleverser l'ordre dont elle est l'indispensable appui.

On a souvent cité le trait d'Aratus indemnisant de la perte de leurs biens les bannis de Sicyone, et l'on ne sauroit trop l'offrir en exemple pour l'instruction de ceux qui pourroient ne pas le connoître, ou qui agiroient comme s'ils ne le connoissoient pas. Voici comment Plutarque rapporte ce fait mémorable :

« Comme les bannis, qui étoient de retour,
» se rendoient très-difficiles, et importunoient
» extrêmement ceux qui étoient en possession
» de leurs biens, et que par là Sicyone se trou-

» voit à la veille de son entière ruine, par une » guerre civile qui étoit inévitable, Aratus, » qui ne voyoit d'autre ressource pour elle que » l'humanité et la libéralité de Ptolomée, réso- » lut de monter sur mer, et d'aller prier le » roi de lui fournir tout l'argent nécessaire » pour apaiser les bannis, et pour terminer » tous ces différens.

» Mais ce qu'il y eut encore de plus grand » et de plus considérable, c'est que, par le » moyen de cet argent, tous les différens des » pauvres avec les riches furent assoupis, la » concorde rétablie, et tout le peuple remis » en repos et *en sûreté*.

» La modération de ce personnage, dans » une si grande puissance, est encore digne » d'admiration ; car, ayant été nommé seul ar- » bitre souverain et maître absolu pour termi- » ner tous les différens de ces pauvres bannis, » et pour régler leurs partages, il ne voulut » pas s'en charger, et nomma quinze de ses » citoyens, qu'il prit pour adjoints, et avec » lesquels, *après un fort grand travail et de » longues séances, il parvint à rétablir la paix » et l'amitié entre les habitans.* »

La justice qui est de tous les temps, produisit alors les mêmes effets qu'on a droit d'en attendre aujourd'hui ; et dans ce temps-là un grand homme, après avoir senti la nécessité de cette justice, crut ne devoir épargner ni peine, ni fatigue, ni travail, pour la rendre à qui elle étoit due. Aujourd'hui il n'en sauroit être autrement; et la justice ne peut manquer d'être volontaire de la part de ceux qui nous la doivent, autant dans l'intérêt des particuliers que dans l'intérêt de la chose publique, tout puissant sur les directeurs de nos destinées, ainsi qu'on le verra peut-être dans le chapitre suivant.

CHAPITRE XXVIII.

Nécessité d'une restitution soit en nature, soit en argent. Espoir d'une justice volontaire de la part de l'Etat. Discours de M. Corbière, et de M. Pasquier, ministre des affaires étrangères. Restitution faite à M. Roy, ministre actuel des finances. Probabilités tirées en faveur des droits des dépossédés, des précédens connus de MM. de Villèle, Lainé, de Latour-Maubourg, de Serre, de Richelieu, de Lauriston, et de la position de MM. Siméon, et Portal; tous membres du conseil des ministres. Opinion de M. le vicomte de Chateaubriand. Parole donnée par M. le général Foy.

L'Etat ne peut profiter de la spoliation des familles, sans inviter les factieux à un vaste système de spoliation dans lequel le pouvoir n'est jamais oublié. Ce seroit une monstruosité dans l'ordre politique que de vouloir que le pouvoir légitime consacrât cette énorme illégitimité par un déni soutenu de la justice, que de soumettre le père de famille à combler la misère de ses enfans les plus dévoués et les plus respectueux.

Malheur aux ministres qui pourroient compromettre à ce point leur responsabilité! Oui, malheur aux ministres assez aveuglés pour prétendre lutter contre cette force des choses, qui peut quelquefois produire le mal, mais qui toujours ramène au bien! Car les ministres passent, et la justice est éternelle!

Cette justice sauroit les atteindre; déjouant par la force des choses toutes les petites combinaisons d'une politique mesquine d'ambition personnelle, elle leur apprendroit tôt ou tard, mais d'une manière terrible, que les fautes commises par ces hommes qui, au milieu du choc des plus grands intérêts, croient pouvoir se jouer avec les événemens, retombent de tout le poids d'une force irrésistible sur leurs propres desseins, sur leur propre fortune, sur leur propre personne.

Les peuples leur demandent compte du sang versé; les rois de leur puissance ébranlée; et si la justice des hommes, trompée par la foiblesse ou l'indulgence du pouvoir, suspend l'action peut-être bienfaisante du glaive qui devoit les frapper, leur conscience, troublée à la vue des maux qu'ils ont faits, leur prépare des tourmens que leur amour-propre blessé et l'évanouissement subit de leurs orgueilleuses espérances, rendent plus amers et plus cuisans, dans cette longue solitude de leur éclatante disgrâce où ils voient à loisir combien il leur eût été plus facile de fonder à jamais leur gloire personnelle sur les bases inébranlables du bien public.

Il y a dans la franchise que l'on met aux opérations de la politique une grandeur réelle qui a le double mérite d'entraîner les esprits même les plus remuans, et de régler fortement les choses. Il y a surtout une obligation d'être juste qui agit merveilleusement sur les actions de ceux qui gouvernent, en commandant la confiance de ceux qui obéissent. Lorsque dans un Etat tout le monde est bien convaincu que c'est par la justice que chacun trouve sa place dans la société, que c'est franchement qu'il doit aborder toutes les conditions de ses devoirs, le bien se fait avec d'autant plus de facilité, que le mal, honteux de sa nature, n'ose se montrer sous ses propres couleurs, et, forcé de se revêtir des formes du bien, en produit toujours les plus sensibles effets. Ainsi, dans un Etat gouverné franchement et par la justice, tout, même l'ambition qui eût été nuisible, concourt au bien de la chose publique. Les difficultés même qui auroient embarrassé une politique foible de son injustice et de sa duplicité, deviennent des moyens de gloire et de prospérité pour cette force d'action qui naît de la justice et de la franchise.

Quoique depuis six ans tant de catastrophes déplorables se soient accumulées sur nos souvenirs, on ne peut toutefois avoir oublié cette époque fortunée de 1814, où la France, dans toute sa vigueur et dans toute sa gloire, respiroit enfin sous le sceptre légitime de son Roi. La joie étoit dans tous les cœurs, l'enthousiasme enflammoit toutes les âmes. Froissés par la tyrannie, instruits par l'infortune, les Français jouissoient avec délices de ce bonheur et de cette liberté, que l'usurpation leur avoit ravis et que la légitimité venoit de leur rendre.

Que manquoit-il à cet état brillant de richesse, de force et de félicité publique, sinon d'être durable? Que falloit-il faire pour lui imprimer cette durée, sans laquelle il n'y a pas de véritable prospérité? Appliquer franchement l'action de la justice, là où la justice étoit encore méconnue; étouffer dans leur germe jusqu'au plus léger prétexte des dissentimens publics, en éteignant, par une franche répartition de ses bienfaits, toutes les craintes et toutes les inquiétudes; fonder fortement l'amour du prince, le zèle pour les institutions, l'ardeur du bien public, non sur des opinions que l'expérience a montrées si variables, mais sur les intérêts qui offrent de la fixité; régler en conséquence tous les intérêts divers qui demandoient à être satisfaits ou rassurés, afin que jamais ils ne vinssent à être un prétexte de discorde à l'usage des factieux, et que ce qui devoit être le moyen le plus fort de stabilité pour l'Etat, ne pût servir à le bouleverser.

On fit tout le contraire : on vouloit la justice, et on l'aborda avec une timidité encourageante pour les factieux qui, la craignant par-dessus toutes choses, la repoussèrent audacieusement de tous leurs efforts; les intérêts de la propriété restèrent dans un état de vague, d'incertitude, effrayant pour ceux dont les premières craintes ne demandoient qu'à être apaisées; l'opinion qui ne demandoit qu'à se réunir se divisa; les factieux formèrent de cette division mortelle la force positive de leurs complots; ils parlèrent de spoliation des acquéreurs de biens nationaux, du rétablissement des dîmes et de la féodalité, et le 20 mars bouleversa jusqu'en ses fondemens l'Etat, qui avoit en lui tous les élémens de prospérité et de conservation.

Alors, comme aujourd'hui, il ne restoit aux factieux d'autre prétexte matériel de révolution que l'inquiétude, chaque jour alimentée, des acquéreurs des biens nationaux. Il falloit éteindre cette inquiétude si fatale à la patrie, par tous les moyens que la prospérité publique portoit en elle-même, par le désintéressement des anciens propriétaires, si violemment dépouillés en vertu des lois de la révolution, et qui ne pouvoient dérober aux regards publics le spectacle redoutable de l'injustice dont ils restoient frappés. Il falloit faire solennellement à ce grand intérêt, un sacrifice réparateur, commandé par la justice. Dès lors, les craintes de perdre, bien plus redoutables que l'impatience de recouvrer, éteintes à jamais, n'eussent laissé de place dans les esprits que pour sentir tout le prix du bonheur dont la restauration du pouvoir légitime avoit embelli nos destinées.

On a eu peur des sacrifices : alors comme aujourd'hui, on a aussi reculé devant les sommes si considérables, disoit-on, que réclamaient les besoins de la justice et du malheur, bien moins encore que l'intérêt plus puissant de la tranquillité et de la stabilité de l'Etat; et les cent jours sont venus dévorer nos soldats, nos trésors, compromettre notre existence comme nation, et semer au milieu de nous l'esprit des guerres civiles.

On a reculé devant quelque argent qu'il falloit donner à nos frères, et une nuée d'étrangers, répandue dans nos cités et dans nos campagnes, est venue ajouter à l'humiliante et ruineuse catastrophe d'une seconde invasion, le poids énorme d'une contribution de guerre de sept cents millions, augmentée de la somme incalculable des réclamations qui furent autorisées contre notre malheureux pays, et des frais d'une occupation militaire dont nous ne rappellerons pas les tristes calculs.

Espérons que cette sévère leçon ne sera pas perdue, et qu'on aura senti, comme nous le sentons, que, la même cause devant produire les mêmes résultats, il est au moins aussi nécessaire que convenable de rendre à des propriétaires légitimes une justice dont l'influence merveilleuse doit donner à la patrie sa véritable force, celle qui naît de l'union de ses citoyens.

Il seroit du devoir de tout Français qui a des droits légitimes à faire valoir, de poursuivre par les voies de rigueur que les lois mettent à sa disposition, les remises ou les paiemens de restitution qui leur sont dus, si les ministres persistoient dans un déni de justice, bien plus funeste à l'Etat, qu'affligeant pour ceux qui en seroient individuellement frappés; si, par un mouvement d'équité, de convenance, et de véritable patriotisme; ils ne s'empressoient de régler enfin, soit par des ordonnances, quant à ce qui est encore au pouvoir de l'Etat, soit par des lois, quant à l'autorisation financière que la loi seule peut donner, le complément de cette restitution, qui, en désintéressant des propriétaires recommandables, calmera toutes les craintes comme tous les regrets, et fera disparoître du sein d'un même empire, le germe des divisions qui le tourmentent et le menacent d'une entière dissolution.

Les ministres n'ont rien fait pour nous rassurer; mais du moins ont-ils fait entendre des paroles qui proclament la justice, et quelquefois en démontrent la nécessité. Bientôt, sans doute, les actes répondront aux discours, et c'est dans cet espoir que nous allons les rappeler.

Dans la séance du 1er juin 1820, lorsque des scènes tumultueuses se passoient aux portes de la Chambre des Députés, M. le général Foy étoit à la tribune (1), et commentoit le passage

(1) *Moniteur* du 3 juin 1820.

suivant d'un ouvrage de M. le vicomte de Chateaubriand : « Une autre mesure importante, » avoit dit le noble pair, seroit prise par l'ad» ministration royaliste ; cette administration » demanderoit aux Chambres (tant dans l'inté» rêt des acquéreurs que dans celui des proprié» taires), une juste indemnité pour les familles » qui ont perdu leurs biens dans le cours de la » révolution. » (Très-vive sensation à gauche.)

« Assurément, répliqua M. le général Foy, » après avoir lu ce passage, s'il étoit au pou» voir des Français d'accorder cette indemnité » à ceux qui ont éprouvé des pertes, sans frois» ser personne, tout le monde y consentiroit » sur-le-champ, et *je serois le premier à voter...* »

Ici l'orateur entra dans des détails qui excitèrent les murmures de l'assemblée et provoquèrent une forte agitation, au bout de laquelle M. Corbière monta à la tribune pour le rappel à l'ordre, et pour défendre M. le vicomte de Chateaubriand des diverses attaques qui avoient été dirigées par M. Foy contre ce noble pair. Nous ne rapporterons ici de cette défense que la partie relative à notre sujet.

« M. de Chateaubriand, dit l'honorable » membre, a émis l'idée d'indemniser de » leurs pertes ceux qui ont vu leurs propriétés » englouties par les lois révolutionnaires. Cette

» proposition a été faite en 1814 par un de nos » plus illustres guerriers, et elle a excité un » vif intérêt, non seulement de reconnoissance » de la part de ceux qu'elle concernoit, mais, » j'ose le dire, de la France entière. C'étoit » un véritable vœu de réconciliation, c'étoit » un moyen de consolider tous les intérêts, de » satisfaire toutes les opinions, les consciences, » et tous les sentimens les plus sacrés parmi » les hommes. Lorsque le noble pair que j'ai » cité a fait cette proposition bien digne de » lui, quelle voix s'est élevée pour en démon- » trer l'injustice? Et en effet, puisque les mal- » heurs dont les suites nous restent ont pesé » sur toute la France, n'est-ce pas à la France » entière à contribuer à en effacer les traces » avec toutes les ressources qu'elle trouve en » elle-même?

» Je n'ai point été dépossédé par la révolu- » tion; je n'ai rien perdu de mon patrimoine, » mais quand il faudroit donner une partie de » ma fortune pour arriver à ce grand moyen » de conciliation qui étoit dans le vœu du noble » pair, ce sacrifice seroit loin de m'en paroître » un. (Vif mouvement à droite.)

» Ce n'est donc pas une opinion reprochable » que j'ai à justifier; qu'on l'approuve, qu'on » l'improuve, à cela liberté tout entière; mais

» qu'on dise qu'on veut, en émettant un tel » vœu, rétablir les priviléges et ressusciter » l'aristocratie, voilà, Messieurs, ce que vous » ne sauriez entendre! Cette conséquence est » une injustice; elle est plus, elle est une in» sulte : elle mérite le rappel à l'ordre, et je » descends de la tribune en le demandant. » (Vif mouvement d'adhésion à droite.)

Dans les explications données par M. le général Foy sur l'ensemble du discours de M. Corbière, on trouve cette déclaration : « Relative» ment à l'indemnité à accorder à ceux qui ont » perdu leurs biens, je n'ai pas sur ce point » d'opinion personnelle; on ne me verra ja» mais parler contre les intérêts de ceux qui » furent malheureux. »

Ainsi M. Foy qui ne veut pas parler contre, et qui seroit *le premier à voter pour l'indemnité*, si on lui prouvoit qu'il est au pouvoir des Français d'accorder cette indemnité, n'est pas un adversaire à craindre, et au besoin pourroit devenir un auxiliaire précieux.

Mais ce qu'il y a de plus rassurant dans cette discussion, c'est la doctrine professée avec une si noble énergie par M. Corbière, qui, admis depuis dans le conseil, parviendra peut-être à faire partager à ses collègues la conviction profonde dont il est pénétré.

M. Corbière sera sans doute aidé, dans sa noble entreprise, par celui d'entre eux, sans contredit le plus actif et peut-être le plus influent, M. Pasquier, qui, dans la discussion du projet de loi relatif aux évêchés, a eu occasion de manifester les principes les plus honorables et les plus rassurans. Il s'agissoit de répondre à des membres de la gauche, qui avoient cru devoir s'alarmer sur la garantie des ventes nationales, de tout ce que l'on pourroit faire en faveur des anciens propriétaires des biens.

« Je parle, dit Son Excellence, dans le seul » intérêt, dans le véritable intérêt des acqué- » reurs. Pour que cet intérêt soit respecté, » il faut établir son droit sur ses véritables » bases, et non sur l'énonciation d'un principe » trop évidemment contestable. Montrez donc » ce qui existe, ce qui est incontestable, une » nécessité plus forte que toutes les puissances; » voilà comment vous prouverez qu'il faut res- » pecter ce qui s'est fait. Mais n'allez pas établir » ce respect pour les choses faites sur une pré- » tendue justice qui ne sauroit au moins être » universellement avouée. Songez qu'en cher- » chant à défendre les acquisitions par le motif » que les spoliations ont été justes, vous amenez » à l'instant la discussion de cette justice; et, » comme vous ne parviendrez pas à démontrer

» à tout le monde cette justice, reconnoissez » tout le péril que vous courez, quand vous » entreprenez de vous établir sur une base » aussi ruineuse. Que si, au contraire, vous » vous mettez sur le terrain légal, votre posi- » tion devient non seulement bonne, mais » même inexpugnable. Alors vous vous appuyez » sur les actes émanés de la puissance législa- » tive, revêtus de toutes les formes voulues » par les lois; alors vous vous dites avec toute » raison que les citoyens n'ont fait qu'exercer » des droits que les lois leur donnoient; qu'ils » ont des droits acquis, incontestables, surtout » quand une possession de trente années a » passé dessus ces droits. C'est ainsi que vous » vous montrerez sages, justes et prudens, » politiques et hommes d'Etat; et, je ne crains » pas de le dire, vous ne seriez rien de tout » cela, *si vous risquiez* inutilement, impru- » demment, *d'ébranler les principes les plus* » *sacrés de la société;* et c'est ce que vous feriez » à votre plus grand détriment, *en essayant de* » *placer la justice là* OU ELLE N'A JAMAIS ÉTÉ, » où elle ne peut du moins être jamais reconnue, » avec cet assentiment universel qui doit tou- » jours l'accompagner et la suivre (1). »

(1) Séance de la Chambre des Députés, du 15 mai 1821. *Moniteur* du 17.

Voilà M. le ministre des affaires étrangères bien fort sur le principe, et armé de la toute-puissance de la raison pour seconder admirablement M. Corbière dans l'application, où toujours il faut en venir.

« *Ce seroit*, a dit M. le ministre, *ébranler les bases les plus sacrées de la société, que de placer la justice là où elle n'a jamais été* » : dans la spoliation. La vente des biens nationaux est à jamais placée sous la protection spéciale des lois ; c'est là qu'est la justice de la possession ; cette justice n'a jamais été dans l'acte d'usurpation qui a produit cette vente. En conséquence, si d'un côté les acquéreurs des biens nationaux sont légitimes propriétaires et possesseurs inattaquables, de l'autre les dépossédés n'en ont pas moins toujours conservé la qualité de propriétaires, qualité qu'il faut que l'Etat leur enlève en leur payant, ainsi qu'il le leur doit, le prix de leur propriété, si l'on ne veut qu'il y ait toujours deux propriétaires pour une même propriété, et perpétuer, par cette pénible position, l'état d'anxiété, de trouble, de confusion et de bouleversement, funeste avant-coureur de la dissolution du corps social.

M. Corbière, si bien secondé par M. Pasquier, ne sauroit rencontrer aucun obstacle dans les opinions bien connues de M. de Villèle, son honorable et constant ami dans la carrière de l'opposition comme dans celle de la fortune ; celui à qui toujours il fut lié par les mêmes doctrines, les mêmes travaux et les mêmes espérances.

Soutenu par MM. de Villèle et Pasquier, M. Corbière ne peut éprouver la moindre résistance de la part de M. Lainé, empressé de concourir à la réalisation des bienfaits que, lors de la discussion du projet de loi de 1814, sa noble éloquence signala dans un avenir qui déjà nous appartient, et comme conséquences obligées d'une situation prospère de nos finances, qu'aujourd'hui nul ne peut révoquer en doute (1).

Certainement, MM. Corbière, Pasquier, de Villèle et Lainé, trouveroient dans M. le secrétaire d'Etat de la guerre et dans M. le garde-des-sceaux, le même empressement à rendre la justice qui est due aux émigrés, dont ils s'honorent d'avoir partagé le dévouement et les dangers, sous les ordres de ce même Roi dont ils sont les ministres. Ces premiers serviteurs de Sa Majesté ne peuvent se refuser à rien de ce qui devroit mettre promptement un terme

---

(1) Voir le chapitre XIX, pages 168 et suivantes, discours de M. Lainé contre l'art. 16 du projet de la commission en amendement de la loi du 5 décembre 1814.

à un déni de justice, dont les conséquences, prolongées sans motif, sont de faire considérer comme criminels les actes de l'émigration que MM. de Latour-Maubourg et de Serre regardent comme l'accomplissement des plus nobles devoirs.

M. le duc de Richelieu et M. le marquis de Lauriston, à qui l'on se plaît à reconnoître un sentiment si exquis de justice et de loyauté, pourroient-ils ne pas se joindre à leurs honorables collègues dans cette œuvre de réparation, si essentielle au triomphe assuré de la cause légitime, qu'il est de leur devoir de sauver, et qui les a constamment comptés au nombre de leurs plus illustres défenseurs?

Sans doute que la réunion des huit membres du conseil, que nous avons nommés, seroit assez importante pour entraîner le suffrage de M. le ministre de l'intérieur et de M. le ministre de la marine, qui, dans le cas contraire (supposition que nous sommes loin d'admettre), ne pourroient l'emporter sur la majorité.

Quant à M. le ministre des finances, il connoît trop le prix de la justice royale, pour vouloir priver de ses bienfaits ceux qui en ont le plus rigoureux besoin. M. Roy, à qui le pouvoir légitime a restitué ce que lui avoit pris Buonaparte, ne peut avoir en lui-même rien qui s'oppose à des restitutions tout aussi justes que celle qui l'a remis en possession de la belle forêt de Navarre.

Ainsi, le conseil des ministres, d'après les probabilités acquises par tous les précédens et les opinions connues de ses membres sur la question importante que nous traitons, offre individuellement une unanimité, ou tout au moins une presque unanimité de suffrages, favorable aux droits légitimes des familles dépossédées, et qui, raisonnablement, pourroit faire espérer une restitution volontaire.

CHAPITRE XXIX.

Loi sur les donataires. Espoir déçu. Nécessité de recourir aux voies légales. Système ministériel et conduite du ministère en opposition manifeste avec les droits légitimes des dépossédés. Motifs réels de cette opposition. Bascule ministérielle.

Cependant, comme c'est en définitive par des actes et non avec des paroles que le bien s'opère, nous sommes malheureusement forcés de convenir qu'au fond la conduite ministérielle en général s'accorde peu avec l'idée que l'on a pu se faire des ministres en particulier.

Par exemple, la loi du 26 juillet dernier relative aux donataires est, par rapport aux familles dépossédées et comparativement avec elle-même, en opposition manifeste avec ce que l'on devoit attendre de juste et de convenable de la part du ministère.

Si nous rapprochons les prétentions des donataires des réclamations des émigrés, nous verrons, dans la condition pécuniaire des premiers, des biens, fruits de la conquête, *donnés* aux amis, aux compagnons, aux favoris du conquérant, aux défenseurs de la patrie, si l'on veut; mais ces biens, que la force avoit mis au pouvoir des donataires, ayant été repris par la force, la possession, détruite par la même cause qui l'avoit fondée, restoit comme non avenue. L'Etat ne devoit rien, puisque même précédemment il n'avoit donné de son fonds rien qu'il dût remplacer; que ces actes de munificence s'évanouissoient avec la cause extraordinaire qui les avoit produits; et qu'en définitive l'Etat n'avoit rien à payer, parce que n'ayant rien reçu, il n'avoit pu rien garantir.

Dans la question des familles dépossédées au contraire, l'Etat qui a lui-même injustement dépouillé ces familles, qui, en déclarant que les dépossédés sont recommandables, qu'ils ont été trop long-temps victimes de l'oppression, les a relevés de la mort civile comme n'ayant jamais dû les frapper, et ordonné par tous ces faits une restitution à titre de justice, exécutée pour la partie, disponible en 1814, des biens non vendus; l'Etat qui est détenteur, ou du restant de l'invendu, ou des deniers provenant des ventes faites; l'Etat qui, par une disposition politique qu'il n'a pu faire qu'à la charge de les indemniser selon ses propres lois, a privé, au moment de la restauration, les dépossédés du bénéfice du droit commun dans lequel ils entroient sans opposition légitime ; l'Etat, qui, sous tous les rapports, ayant tous les bénéfices de vendeur, en a toutes les charges, doit bien évidemment aux familles dépossédées la restitution en nature de tous les biens non vendus, sauf à payer le prix des biens qu'il ne peut rendre.

Et lorsque la situation prospère des finances ne laisse plus aucun prétexte de refuser cette restitution si légitimement due, et permet même à la munificence publique de déployer toute sa grandeur ; lorsque le temps est venu où l'on pouvoit, si on l'eût voulu, faire marcher avec tous les développemens commandés par la justice, le système de double indemnité, proposé le 10 décembre 1814 par M. le duc de Tarente, à l'égard des familles dépossédées par l'injustice et des donataires récompensés par la conquête, on préfère la munificence à la justice ; les prétentions des donataires sont satisfaites, les réclamations si légitimes des familles à qui l'on a enlevé leur patrimoine, sont laissées dans un oubli insultant.

Les hommes qui devroient fonder sur les intérêts légitimes la force la plus stable des opinions ont mis à la place l'esprit de parti ; ce mobile si actif de trouble et de désordre se fait sentir dans la loi même, abstraction faite de ses motifs de comparaison avec ce qui lui est étranger.

Une ordonnance du 22 mai 1816 et la loi du 15 mai 1818, avoient assimilé aux donataires, des militaires des armées royales de l'Ouest et du Midi. La nouvelle loi, dans la répartition libérale de ses dons, établit une injuste et défavorable différence entre des Français dont les uns ont servi le Roi et les autres ont cru défendre la patrie.

Les anciens donataires de première, deuxième, troisième et quatrième classe, reçoivent 1000 fr.; ceux de cinquième classe, 500 fr.; ceux de sixième classe, 250 fr.; tandis qu'on réduit les officiers supérieurs des armées royales à 300 fr., les officiers à 200 fr., les sous-officiers à 50 écus, et les soldats à 100 fr.

Et combien croiroit-on que la perspicacité des bureaux a découvert de braves dignes de ces récompenses modérées, dans l'héroïque Vendée et dans ce Midi si ardent à la gloire?

Quatre officiers supérieurs;
Six officiers;
Trente sous-officiers;
Cent vingt soldats.

Enfin la loi consacre aux divers actes de munificence qu'elle ordonne, 1,833,200 fr.

Et, sur cette somme totale, il est destiné :

Aux anciens donataires	1,610,000 fr.
A leurs veuves ou à leurs enfans.	138,800
A diverses pensions	65,500
Aux milit. des armées royales. .	18,900
A leurs veuves et à leurs enfans.	*Rien.*

Par cette parcimonie envers les uns, par cette générosité à l'égard des autres, le ministère a usé, un peu largement peut-être, du droit que l'on a toujours de faire de la munificence l'usage qui convient le mieux à celui qui donne. Mais du moins puisque le ministère a jugé que la situation heureuse de nos finances permettoit à l'Etat de faire des dons, s'est-il interdit, pour refuser la justice à ceux qui ont droit de la demander, le prétexte banal, et qui maintenant seroit tout-à-fait inadmissible, d'une prétendue impossibilité de payer ce que l'on doit.

Ce prétexte, ou si l'on veut, ce motif de refus, qui, depuis sept ans, pèse sur les droits des dépossédés, n'existant plus aujourd'hui, il seroit non seulement du droit, il seroit du devoir des dépossédés, à qui l'on enlèveroit tout moyen de conciliation, d'employer toutes les voies avouées par les lois et par la justice, pour faire cesser enfin un état d'oppression qui, bien que funeste à leurs intérêts légitimes, l'est encore bien plus à la chose publique, par le germe des fatales divisions qu'il entretient dans les esprits, dans l'intérêt des factieux, à qui il ne reste que cette dernière force réelle pour seconder et soutenir leurs complots.

Si les paroles des ministres, si leurs antécédens connus n'ont pu donner qu'un faux espoir; si des hommes qui, placés dans toute autre position, voudroient sans doute agir selon les droits de la justice, sont obligés de les sacrifier à un système de gouvernement qui, dans son mouvement perpétuel entre le bien et le mal, donne trop d'action, trop d'audace au mal, pour rendre le bien décisif et profitable, il ne reste plus aux citoyens, dont les droits légitimes sont méconnus, qu'à les faire reconnoître et qu'à les faire triompher, puisqu'on refuse obstinément tout moyen de conciliation, tout espoir *assuré* d'un meilleur avenir; puisque chaque jour et par tous les actes qui sont au pouvoir du ministère, on manifeste l'inconcevable volonté de persister dans l'injustice, on tolère, on protége toutes les attaques, tous les outrages prodigués à *une classe recommandable des sujets du Roi*, à ces hommes qui furent trop long-temps *victimes* de leur dévouement à sa personne sacrée, interdisant par toutes les ruses et par toutes les violences de l'arbitraire le plus odieux, tout ce qui tend à faire valoir leurs intérêts, à faire éclater la loyauté de leur conduite et la légitimité de leur cause.

Nous pouvons hardiment avancer ces faits, et les soutenir, nous qui, depuis l'établissement d'une *Association* CONSTITUTIONNELLE *pour la défense* LÉGALE *des interêts* LÉGITIMES, nous sommes vus opprimés dans la manifestation d'un projet honorable (que nous sommes DÉCIDÉS à mener à bien), et par l'empêchement de la police à défendre toutes publications nécessaires, et surtout par l'autorité clandestine de la Censure sur les journaux, où, après deux petites annonces, l'une de *la Foudre*, l'autre de *la Quotidienne*, elle a subitement déclaré, sans contredit par ordre supérieur, *qu'on n'admettroit plus cette annonce;* où cependant, *le même jour* de cette étrange proscription, on nous a laissé, on nous a fait peut-être attaquer longuement et avec la plus insigne mauvaise foi, sans que depuis il nous ait été permis de nous défendre par les mêmes voies de publicité (1).

---

(1) Les détails relatifs à l'oppression secrète que la commission de censure a fait peser sur l'Association, sont consignés dans une brochure que l'on trouve chez tous les libraires du Palais-Royal, et qui a pour titre : *La Censure auxiliaire du* Courrier Français, ou *Mémoires pour*

Nous ignorons aussi qui a pu faire attaquer l'Association dans les journaux anglais. Mais ce renouvellement peu dangereux de ces correspondances privées qui ont fait tant de bruit, ne nous inquiète nullement : ce n'est pas en Angleterre que nous irons plaider une cause qu'il est temps enfin de faire sortir du droit politique pour la faire rentrer dans le droit commun, et dont le succès est dans l'accord de ceux qui ont les mêmes intérêts à réclamer, dans notre persévérance à faire valoir leurs droits, et définitivement dans cette justice que l'on ne refuse jamais en France, surtout lorsqu'il est permis de donner aux moyens d'attaque un éclat qui jamais ne nuit à l'équité, et souvent lui est favorable.

La bascule ministérielle a l'un de ses contrepoids, pris dans la légitimité, dans les choses de la royauté, l'autre emprunté de l'usurpation, et péniblement tiré de cette révolution à qui, depuis long-temps, il ne reste plus que la violation du droit de propriété et les craintes dangereuses qu'elle laisse dans les esprits. Si, par une bienfaisante répartition de la justice, cette der-

---

servir à l'histoire de la bascule ministérielle en 1821, par M. Sarran; suivis d'un article de M. Martainville, supprimé dans le *Drapeau blanc* du 9 août, etc. Prix : 1 fr. 25 c., à Paris, et 1 fr. 90 c. dans les départemens.

nière force venoit à manquer à la révolution, plus de contre-poids révolutionnaire, partant plus de bascule, dont la chute entraîneroit dans son mouvement salutaire toutes les petites ambitions de l'égoïsme et de la médiocrité, pour ne laisser en évidence que le talent reconnu, les intentions généreuses, et cette union générale des esprits, assise sur la base inébranlable des intérêts mis à leur place, qui retrempe les empires, et leur donne cette vigueur qu'ils perdent toujours dans les tiraillemens désordonnés des discordes publiques.

CHAPITRE XXX.

Effets de la bascule ministérielle dans les Chambres. Délaissement des dépossédés par leurs propres amis. Exemple mémorable de ce délaissement. Obligation et nécessité de la part des dépossédés de recourir aux voies légales, et de former une masse imposante des mêmes droits, pour les faire triompher, dans l'intérêt commun de leur honneur et de leur fortune, de leur respect pour la personne sacrée du Roi et de leur amour pour leur pays.

Les droits des dépossédés sont légitimes; fondés sur les lois et protégés par les forces ordinaires de la justice, ces droits si sacrés et si invincibles prévaudront d'autant plus facilement, et avec d'autant plus d'autorité, que tous les dépossédés auront mis plus de zèle et plus d'empressement à réunir leurs efforts, à former une masse imposante des mêmes intérêts; qu'ils sentiront davantage la nécessité de réclamer hautement et avec toute la solennité que leur noble cause exige, la justice qui leur est due: sans s'arrêter plus long-temps à ces promesses de faveurs, de secours, aussi vagues que superflues, perfidement répandues pour amuser leur bonne foi ; à ces vaines paroles, charme trompeur de leurs douloureux regrets, jamais suivies des effets qui devroient porter du soulagement à leurs peines, et mettre un terme de justice à leurs longues infortunes.

Combien de fois n'avons-nous pas vu le sort des victimes de la révolution, être le jouet d'incidens dans le fond peu considérables, mais qui n'en ont pas moins la puissance de paralyser les mouvemens les plus généreux, de repousser le principe des plus nobles, des plus justes résolutions ?

Les hommes les plus sincèrement dévoués à la cause sainte de la légitimité, ont oublié trop souvent qu'elle étoit aussi celle de la justice ; de cette justice dont ils ont le besoin au fond de leurs cœurs, qu'ils auroient voulu faire triompher aux dépens de leur propre fortune, lors même qu'ils l'ont sacrifiée à de vaines considérations de position politique, et que, pour ménager l'influence depuis long-temps illusoire des hommes de la monarchie, ils en ont soumis les principes aux capricieuses fluctuations des circonstances.

Le système des petites minorités introduit dans nos Chambres législatives, produisant les combinaisons les plus mesquines et les plus contradictoires, il en est résulté que, toutes les fois que les royalistes assez forts pour y former au besoin une majorité, se sont laissés diviser pour la donner au ministère, les grandes pensées qu'il étoit dans leurs devoirs et dans leur volonté de mettre à exécution, ont été écartées par la direction funeste à laquelle il falloit obéir, en attendant le moment d'en être délaissé.

Cette préférence accordée sur l'invariabilité des principes, à des projets de convention qui reposent sur des hommes, et dépendent d'arrangemens de majorité, qui se succèdent avec une si déplorable fatalité, est la source funeste des graves erreurs où sont tombés des hommes qui ne manquent pas d'un talent relatif, et à qui surtout nous aimons à reconnoître les intentions les plus droites. Ils veulent arriver au bien ; ils se sont trompés de route.

Dans le nombre des exemples que nous pourrions citer des effets déplorables produits par cette hésitation à faire le bien, plus dangereuse de la part des honnêtes gens que ne peut jamais l'être de la part des méchans l'intention décidée de faire le mal, nous rapporterons ce qui a été dit le 21 mars 1821 à la Chambre des Députés, par un de ses plus honorables membres. On verra que l'orateur cherche à défendre ses amis du reproche que leur avoit fait le côté gauche, et dont ils auroient dû se glorifier, de vouloir que les émigrés fussent indemnisés de leurs pertes.

« En 1815, dit-il, je voulois faire la propo-
» sition d'indemniser les émigrés. J'étois en-
» couragé par l'opinion d'hommes que j'honore
» et que j'aime, et qui siégent ici *à gauche.*
» Par qui en ai-je été empêché? *par mes amis*
» *du côté droit*, qui n'ont pas voulu que cette
» proposition fût faite *parce qu'elle les inté-*
» *resse personnellement.* Je citerai un fait plus
» récent. Vous avez vu au feuilleton la pétition
» de deux émigrés qui demandoient la restitu-
» tion de leurs rentes, saisies en vertu de la loi
» du 1er janvier 1794. Cette réclamation étoit
» dans le domaine de la Chambre; *non seu-*
» *lement le côté droit avoit résolu de passer à*
» *l'ordre du jour, mais il a même engagé les*
» *pétitionnaires à retirer leurs pétitions;* ce qui
» a été fait..... *Ainsi donc les prétendues indem-*
» *nités des émigrés sont un mensonge.* »

Nous nous épargnerons tout commentaire sur cette citation. Nous nous bornerons à dire que, pour être abandonnés des honnêtes gens qui sont en position de les défendre, les droits de la justice n'en sont pas moins méconnus et sacrifiés; et que tant que cet état de choses, dont il n'est pas permis de calculer la durée, pèsera sur notre malheureuse France, il seroit dangereux de s'en remettre à des espérances de justice *volontaire*, basées sur d'aussi fragiles fondemens.

C'est dans leur propre position que les dépossédés, délaissés par leurs propres amis, doivent chercher les forces nécessaires pour se tirer de cet état équivoque et presque humiliant, où les tient plongés la foiblesse bien plus encore que la mauvaise foi.

Lorsque tout leur manque, qu'ils ne se manquent pas à eux-mêmes, et leur succès est certain. Surtout qu'ils ne se fassent plus illusion sur la foi de promesses tant de fois trahies, sur le but des séductions de toute sorte dont on ne manquera pas de les entourer. Qu'ils soient bien pénétrés, par leur propre expérience, que les paroles ne sont rien, que les effets sont tout. Qu'ils prennent garde surtout qu'ils n'ont pas à solliciter une faveur qu'on peut leur refuser, mais qu'ils ont à réclamer une justice qui leur est due selon les lois, et s'il le faut, d'après des poursuites régulières dont il est inutile, dont il seroit peut-être dangereux d'indiquer ici les formes tutélaires.

Si le ministère à qui, depuis l'établissement

de l'*Association constitutionnelle pour la défense légale des intérêts légitimes*, on prête sérieusement le dessein de *faire quelque chose pour ces pauvres émigrés*, demande effectivement pour leur être distribués les dix millions de rentes dont il a été question, que ce foible à-compte, dont nous nous estimerions heureux d'avoir provoqué le paiement, soit reçu comme une espèce de provision qui, au surplus, ne pourra être refusée aux dépossédés, si l'Association, centre puissant de leurs intérêts, juge à propos d'en faire la demande formelle.

Une provision s'accorde à une grande apparence de justice dans les droits du demandeur : comment (s'il y avoit lieu) pourroit-on la refuser aux émigrés qui présenteroient, avec tous les moyens possibles de succès, la considération bien plus puissante de droits incontestables, évidens, reconnus par les actes mêmes, donnés au nom de l'Etat, leur débiteur ?

Il nous est impossible de reconnoître l'autorité des lois révolutionnaires qui n'ont pas été sanctionnées par le pouvoir légitime ; mais du moins nous est-il permis de les citer par esprit de comparaison, lorsque ce qu'elles ordonnent est conforme à cette justice qui est de tous les temps, et qui ne peut pas être reniée sous la légitimité, lorsque l'usurpation elle-même en a reconnu l'empire.

Par une loi du 5 brumaire de l'an III de la république, la Convention nationale avoit ordonné « que *les prévenus d'émigration*, portés » sur les listes des émigrés, et qui auroient ob- » tenu des arrêtés favorables des administra- » tions de département, seroient *provisoire-* » *ment* réintégrés dans la jouissance de leurs » biens, en attendant qu'il fût statué sur leurs » réclamations par le comité de législation......, » et que, sur les produits des biens, versés » dans les caisses des receveurs des domaines » nationaux, les directoires de district fussent » autorisés à leur accorder *provisoirement*, sur » ces produits, les secours qu'ils justifieroient » leur être nécessaires. »

Lorsque la Convention nationale accordoit ainsi des provisions aux prévenus d'émigration, que le comité de législation n'avoit pas encore rayés des listes d'émigrés, la justice, régulièrement poursuivie et solennellement rendue au nom du pouvoir légitime, pourroit-elle les refuser à des Français entièrement relevés de la mort civile, et de tous ses effets quelconques, par l'effacement, *par l'abolition* des inscriptions sur des listes, qui sont considérées comme n'ayant point existé, et n'ayant jamais dû produire aucune action licite contre ceux qui y étoient inscrits ?

Si maintenant, et depuis que les listes d'inscriptions n'existent plus; depuis qu'il est reconnu qu'elles n'ont jamais dû exister, on vouloit, de part ou d'autre, contester ou établir le mérite de quelqu'une de ces inscriptions, le pourroit-on ? et si l'on ne le peut pas ; s'il n'y a jamais eu, de droit; s'il n'y a plus, de fait, de titre de proscription contre les émigrés, comment pourroit-on les traiter comme ayant été, surtout comme étant encore proscrits ?

Sont-ils restés dans le droit barbare qui les opprimoit ? ne sont-ils pas, au contraire, rentrés naturellement dans le droit commun, pour être remis au même état où les avoit trouvés l'action de la violence et de l'injustice ? et leurs droits légitimes ne deviennent-ils pas en quelque sorte plus positifs, lorsque, *par exception expresse*, ils ne peuvent poursuivre que le paiement du prix *de leurs biens vendus*, dont la rentrée en possession leur est interdite par l'article IX de la Charte, dans l'intérêt déclaré légitime et inviolable des acquéreurs, *le seul effet matériel des lois révolutionnaires sur l'émigration, que le pouvoir légitime ait jugé à propos de garantir ?*

Cette courte digression que nous venons de nous permettre, ne doit rien faire préjuger sur les démarches auxquelles nous pourrons nous livrer dans l'intérêt des dépossédés, mais du moins peut servir à démontrer, par les réflexions qu'elle fera naître dans les esprits, combien il y a de possibilité à obtenir ce que l'on demande, lorsque la réclamation est juste, légale et susceptible d'être poursuivie, selon les formes qui chaque jour font triompher le bon droit.

C'est par les moyens ordinaires du droit commun, dégagés des entraves usurpatrices et réduites à leur juste valeur, du droit politique ou administratif, que nous arriverons au but légitime que nous nous proposons.

La justice ne s'obtient, et surtout ne s'obtient pleinement et sans danger, que de cette manière simple et victorieuse.

L'enthousiasme ou la foiblesse de l'esprit de parti, sont pour la justice ce que l'intermittence de la fièvre est pour le malheureux qu'elle brûle ou qu'elle glace tour à tour ; le calme et la fermeté de demandes régulières la vivifient, et la rendent forte comme ces tempéramens vigoureux qui ne sont soumis qu'aux lois constantes de la nature.

Si, au nom de ce Roi qui fut leur chef dans

l'infortune, comme il est leur récompense dans sa prospérité, on essayoit encore d'arrêter leurs légitimes efforts, que les nobles victimes de la révolution repoussent cette imputation sacrilége avec l'indignation que commanderoit l'audace criminelle de leurs adversaires, ou la perfidie plus criminelle encore de ceux qui se diroient leurs amis.

Si la majesté royale pouvoit emprunter quelque chose de ce qui n'est pas elle-même, elle recevroit une sorte d'éclat de cette justice qui seroit enfin rendue à ses serviteurs les plus dévoués, *à cette classe recommandable* de sujets du Roi, que l'on n'accable d'une sorte de réprobation que parce qu'ils lui furent plus long-temps fidèles, que parce qu'ils ont partagé avec lui le même exil et la même condamnation. Maintenir les effets de ces circonstances déplorables ; s'en faire un titre pour jeter de la défaveur sur les dignes Français qui en furent atteints ; refuser aux émigrés cette justice absolue qui ne permettroit plus de les considérer que comme des coupables amnistiés, n'est-ce pas, autant qu'il est possible, porter atteinte à l'inviolabilité morale de la personne du Roi, qui fut leur compagnon et leur guide dans cette même émigration dont on persisteroit à leur faire un crime ?

Le respect le mieux senti pour leur Roi feroit donc un devoir aux dépossédés de réclamer une éclatante réparation, à raison de faits connus du monde entier pour leur être communs avec sa personne sacrée, si la considération de leur honneur, inséparable de celle de leurs intérêts les plus légitimes, pouvoit être impuissante pour leur faire adopter les seuls moyens propres à satisfaire à ce qu'ils se doivent à eux-mêmes, et à ce qu'ils doivent à leur pays.

Si de funestes divisions partagent la France; si la révolution a laissé au pouvoir des factieux qui voudroient en renouveler les dangers et les profits, une force positive qui peut remuer, par le mobile puissant de la crainte et de l'intérêt, une foule de propriétaires que le parti effraie sur la garantie de leurs possessions; si le sol tremble malgré tout ce que les lois et le pouvoir ont fait pour le rassurer, c'est que le droit de propriété, violé dans la personne des dépossédés, n'a pas reçu cette réparation indispensable, commandée par ces mêmes lois, et encore plus par la justice et la nécessité de rasseoir l'ordre sur ses bases naturelles. A ce sujet nous ne pouvons mieux terminer cette partie de notre ouvrage qu'en répétant ici ce que nous avons dit dans notre Prospectus, et qui nous paroît rappeler en peu de mots les motifs puissans que nous venons de développer.

« Les émigrés peuvent se présenter dans la
» lice sans crainte comme sans passion, forts
» de leur bon droit, invincibles par la légiti-
» mité des moyens qu'ils ont à leur disposition
» pour se faire rendre la justice qui leur est
» due, heureux de travailler au bien public en
» relevant l'édifice de leur fortune particulière,
» avec le secours merveilleux des droits im-
» prescriptibles de la justice, cimentés par le
» respest le plus rigoureux pour les lois de leur
» pays. »

PREMIER CHAPITRE

DE SUPPLÉMENT.

Du paiement des rentes foncières, non supprimées par aucune espèce de loi.

Nous ne pouvons nous refuser le plaisir de rapporter ici ce que notre honorable ami, M. Clausel de Coussergues, dit des *rentes féodales*, dans l'ouvrage important qu'il vient de publier (1), et où il s'exprime en ces termes :

« Quant aux rentes féodales, elles étoient » dans le commerce comme toutes les autres » propriétés : on vendoit souvent un pré, un » champ pour acheter une rente.... La sup- » pression de ces rentes, ainsi que celle des » dîmes, sont entrées dans les calculs de l'ad- » ministration, lorsqu'elle a doublé l'impôt » foncier. Je ne dirai pas quel est le député de » cette terrible Chambre de 1815, mais quel » est l'écrivain royaliste, ou en France, ou en-

(1) *De la Police et du Ministère.* Prix, 2 fr. à Paris, et 2 fr. 50 c. pour les départemens.

» pays étranger, qui ait proposé de redemander ces rentes aux laboureurs ? Le seul projet » de ce genre appartient à Buonaparte. La » section des finances du conseil d'Etat trouva » que les rentes de l'ancien domaine de la couronne, du clergé et des émigrés, toutes appartenant à l'Etat, vaudroient douze millions » de revenu. Buonaparte donna ordre à un » très-habile jurisconsulte, de la section de la » législation, de faire un travail sur la légitimité de cette réclamation. Toutes les personnes occupées des affaires publiques ont » possédé des exemplaires de ce rapport, qui » a été imprimé. »

On voit par cette tentative de Buonaparte, et surtout par ce que dit M. de Coussergues sur la nature de ces rentes, que leur suppression a été une violation manifeste du droit de propriété.

Mais comme c'est un point fort délicat que de décider si les lois spoliatrices qui ont supprimé les droits utiles des rentes féodales, sont, ou non abrogées par l'art. LXVIII de la Charte constitutionnelle, et que, dans le cas de la négative, une nouvelle loi seroit nécessaire pour remettre les anciens propriétaires dans leurs droits, nous ne nous occuperons que des rentes *purement foncières* (non supprimées par aucune espèce de loi), c'est-à-dire des rentes, provenant d'une concession de fonds, faite par un propriétaire qui n'étoit pas seigneur féodal de la terre concédée.

La loi du 17 juillet 1793 s'exprime ainsi :

« Art. Ier. Toutes redevances ci-devant seigneuriales, droits féodaux, censuels fixes et » casuels, même ceux conservés par le décret » du 25 août dernier, sont supprimés sans indemnité.

» Art. II. Sont exceptées des dispositions de » l'article précédent, les rentes ou prestations » purement foncières et *non féodales*. »

Il est bon d'observer que le décret du 25 août 1792 avoit conservé, quant aux rentes féodales, les droits utiles, à la condition imposée au seigneur de justifier que la rente avoit pour cause une concession primitive de fonds. L'art. Ier du décret du 17 juillet 1793, en faisant cette suppression, avoit sans doute détruit en entier tout ce qui avoit rapport aux rentes féodales, mais toutefois sans toucher en rien aux rentes non *féodales* expressément conservées par l'article II.

Il s'agit maintenant de savoir ce que l'on entend par *rentes féodales*, et si l'on peut considérer comme telles les rentes qu'un propriétaire, non seigneur féodal de la terre, a mélangées de signes de féodalité, quoique n'en ayant jamais eu le droit. Un célèbre jurisconsulte, M. Henrion de Pensey, président à la Cour de cassation, va répondre pour nous.

« Nous pensons, dit ce magistrat, que le » propriétaire d'un *alleu* roturier ne peut l'in- » féoder, ni l'accenser; il y a une infinité de » raisons : la principale, c'est que l'on ne peut » donner en fief, ou à cens, que des héritages » nobles; c'est que, pour pouvoir communi- » quer ou se réserver la puissance féodale, il » faut l'avoir, il faut en être investi; enfin, » c'est que les fiefs sont des dignités réelles, et » que le Roi, ou ceux qui ont reçu le pouvoir » de lui, peuvent seuls conférer des dignités... »

M. Merlin, qui est une autorité tout-à-fait irrécusable, a déduit les conséquences de ces principes dans plusieurs de ses plaidoyers, comme procureur-général, et la Cour de cassation avoit assis sa jurisprudence sur ces bases.

Les propriétaires, non seigneurs de la terre concédée, n'ayant pu être considérés comme ayant droit d'inféodation, avant la suppression des droits féodaux, ne devoient pas en conséquence être traités comme ayant réellement exercé ce droit, après la promulgation de la loi du 17 juillet 1793, qui pèse exclusivement sur les rentes féodales.

« Nous apprendra-t-on, disoit M. Merlin, » par quelle étrange bizarrerie une rente que » celui à qui elle appartient n'auroit pas pu, » avant la révolution, faire juger seigneuriale » à son profit, pourroit aujourd'hui être jugée » seigneuriale à son détriment ? Ne seroit-ce » pas le comble de la déraison que de dire au » propriétaire d'une pareille rente : « Vous » auriez dû perdre votre procès en 1788, si » vous aviez soutenu qu'elle étoit seigneuriale ; » et vous devez encore le perdre aujourd'hui, » en soutenant qu'elle ne l'est pas ? »

La Cour de cassation avoit constamment prononcé dans ce sens jusqu'en 1808, où en conséquence d'un avis du conseil d'Etat, du 30 pluviose en XI (19 février 1803), et surtout en considération d'un décret impérial du 23 avril 1807, elle changea tout-à-fait sa jurisprudence qui avoit été constamment fondée « *sur ce que le faux » emploi, dans l'acte, de quelques mots ap- » partenant à la féodalité, ne peut pas rendre » féodale une concession qui ne pouvoit être » telle* (1) ;

---

(1) Arrêt du 29 thermidor an X.

» Sur ce qu'avant l'abolition du régime féo-
» dal, le propriétaire d'un franc-alleu roturier
» ne pouvoit le concéder ni en fief, ni à cens
» féodal ; et par une conséquence nécessaire,
» sur ce que si, de ce fait, ce propriétaire a
» concédé son bien en fief, ou à cens seigneu-
» rial, il ne l'a réellement inféodé ni accensé,
» et, par une conséquence ultérieure, la rente
» seigneuriale qu'il s'est réservée n'a pas été
» abolie par la loi du 17 juillet 1793 (1);

» Sur ce qu'enfin, la nature d'une redevance
» est indépendante d'une qualification, et se
» détermine par la substance même de l'acte
» constitutif; que, en concédant des biens dé-
» pendans *de sa seigneurie*, un seigneur pou-
» voit bien, par les actes de concession, se
» constituer des redevances féodales propre-
» ment dites ; mais que le propriétaire d'une
» roture, *ni même un seigneur étranger* (à la
» terre concédée), ne pouvoient, en stipulant
» des rentes ainsi qualifiées, lier les redevances
» par aucun rapport féodal, ni censuel; que la
» loi (du 17 juillet 1793) n'a aboli que les rede-
» vances qui appartenoient à la féodalité, et
» non celles qui, étant le prix d'une concession

(1) Plaidoyer de M. Merlin, du 16 nivose an XII, dont la Cour a admis les conclusions.

» de fonds, auroient été, dans les actes de con- » cession, qualifiées de *cens* ou de *rentes sei-* » *gneuriales*, ou auroient été créées avec mé- » lange de droits réputés féodaux, mais qui » ne pouvoient recevoir de ces actes aucun ca- » ractère de féodalité, etc. (1). »

Depuis sa nouvelle jurisprudence, survenue après avis du conseil d'Etat de l'an XI et le décret impérial de 1807, la Cour en a décidé autrement; elle a considéré comme ayant été également supprimées sans indemnité, par la loi du 17 juillet 1793, toutes les rentes quelconques, mélangées de féodalité. Mais, comme M. Merlin l'a dit quelque part, « N'est-ce pas avoir » pour le même objet deux poids et deux me- » sures? »

Des avis du conseil d'Etat, et des décrets particuliers du chef de l'Etat peuvent-ils l'emporter sur des lois? La Cour de cassation peut-elle avoir deux jurisprudences, l'une fondée sur les lois, l'autre intervenue à la suite de rescrits du gouvernement, en violation formelle de ces mêmes lois? La Cour suprême, régulatrice de toutes les cours du royaume, peut-elle baser ses arrêts autrement que sur l'esprit et sur la lettre

(1) Arrêt de la Cour de cassation, du 19 février 1806. Affaire de M. de Brancas.

des lois, et sur sa propre jurisprudence conforme à ces principes? Personne ne peut le penser, et c'est ce qui sera authentiquement reconnu, lorsque les moyens de défense des vrais principes seront développés et soutenus avec l'éclat qu'exige l'importance de la cause.

Nous nous bornons, pour le moment, aux détails dans lesquels nous venons d'entrer, n'ayant eu d'autre but que d'indiquer aux personnes intéressées quelle est la nature des rentes foncières, *non supprimées par aucune espèce de loi*, dont l'Association se charge de provoquer le paiement, maintenu même par les lois révolutionnaires.

DEUXIÈME CHAPITRE

DE SUPPLÉMENT.

De l'Association constitutionnelle pour la défense légale des intérêts légitimes.

Nous croyons devoir rappeler ici les dispositions principales du Prospectus que l'Association a fait distribuer, en ajoutant quelques explications qui nous paroissent devoir être de quelque utilité aux personnes intéressées dans le but que l'Association se propose.

On a senti le besoin de réunir en un même faisceau les intérêts de même nature, afin de leur donner cette force et de leur prêter cet éclat, si indispensables à leur succès.

Il paroissoit d'abord que tout ce qui se rapporte aux confiscations révolutionnaires ne devoit former qu'une seule et même catégorie. Mais comme on a prévu la possibilité d'une restitution plus ou moins prompte, selon les divers genres de restitution qui doivent avoir lieu, on a cru devoir établir toutes les distinctions conformes à cette considération puissante.

Il est certain, par exemple, que le règlement

de l'indemnité à raison des biens que l'Etat ne peut restituer, offre plus de difficultés d'exécution que l'inscription sur le Grand-Livre, au tiers consolidé, des rentes que possédoient sur l'Etat les Français frappés par la confiscation, et que cette dernière opération, quoique très-simple, est toujours un peu moins facile que la restitution en nature des biens meubles ou immeubles dont l'Etat peut encore disposer.

L'Association constitutionnelle pour la défense légale des intérêts légitimes a donc formé les catégories suivantes :

1°. Indemnité à raison des biens d'émigrés, non restitués ;

2°. Réintégration, en inscription au tiers consolidé, des rentes que possédoient sur l'Etat plusieurs des Français frappés par la confiscation ;

3°. Restitution de ce qui resteroit au pouvoir de l'Etat, provenant des meubles, ou immeubles confisqués ;

4°. Paiement des rentes foncières, non supprimées par aucune espèce de loi.

Les héritiers ou ayans-cause des condamnés, ainsi que les prêtres déportés, leurs héritiers ou ayans-cause qui ont à réclamer des restitutions soit en nature, soit en argent, viennent se confondre naturellement dans les catégories indiquées, selon l'intérêt, ou les intérêts respectifs de leurs réclamations.

Il en est de même des émigrés (leurs héritiers ou ayans-cause), qui, ayant obtenu leur radiation des gouvernemens révolutionnaires, se trouvent néanmoins dans le même cas.

Les personnes intéressées sont priées d'adresser, sans perdre de temps, au bureau de l'Association, rue de Marivaux, n° 3, tous les titres et tous les renseignemens relatifs à leurs réclamations, accompagnés d'une procuration (1) qui doit être unique pour la même personne qui auroit plusieurs objets à réclamer, et toutefois en spécifiant les divers objets réclamés.

Pour les rétributions, ainsi qu'il est dit au Prospectus, le montant doit en être envoyé à Me Vernois, notaire royal et de l'Association, rue J. J. Rousseau, n° 18, à Paris, qui donnera un reçu des sommes versées.

Le prix de ces rétributions sera fixé au gré du réclamant, selon le degré d'importance de la réclamation, et ne devra pas excéder, pour chaque intérêt de même nature, c'est-à-dire, pour chaque intérêt particulier à l'une des catégories

---

(1) Voir, pag. 315 le modèle de cette procuration.

indiquées, *cent francs*, ni être au-dessous de *vingt francs.*

Et comme d'après les relations intimes que les membres de l'Association ont eu l'honneur d'avoir journellement avec les honorables et malheureuses victimes de la révolution, ils ont vu de près à quel degré d'infortune quelques unes d'entre elles se trouvoient réduites, l'Association ne voulant priver personne du bienfait de l'union qu'elle provoque, désirant que, sans exception, tous les dépossédés en fassent partie, sera trop heureuse d'admettre les titres et la procuration de ces nobles infortunés, sans leur demander compte d'un versement qui aggraveroit trop leur position déplorable.

Il est essentiel de prévenir MM. les émigrés, ou autres dépossédés, que la valeur de leurs biens vendus, calculée à l'époque du 4 juin 1814, jour de la publication de la Charte constitutionnelle, doit être seulement *aussi approximative que possible ;* et qu'en général tous les renseignemens demandés par l'Association doivent être, pour le moment, considérés sous le même point de vue.

Les personnes qui croiroient avoir des droits particuliers à faire valoir, non compris dans les quatre catégories indiquées, pourront adresser au bureau de l'Association leurs titres et leur Mémoire à consulter. Dans ces cas particuliers, les consultations seront envoyées aux parties intéressées, gratuitement si l'opinion du conseil n'est pas favorable à leurs prétentions; si cette opinion est favorable, le directeur de l'Association, en transmettant à la partie la décision du conseil, lui fera connoître les conditions auxquelles la direction pourra se charger de la poursuite et de la liquidation.

Le présent ouvrage que l'Association publie pour donner un aperçu des principes qu'elle adopte et qui formeront la base de ses travaux, sera nécessairement suivi d'autres ouvrages dont les personnes intéressées sont priées de vouloir bien s'enquérir, quoique aucune annonce dans les journaux ne vienne peut-être les avertir de ces publications successives. Nous n'avons pas besoin de dire que c'est à la Censure que les honnêtes gens doivent cette indigne oppression. Nous ne saurions trop engager tous les Français (et le nombre en est grand), pour qui la justice n'est pas un vain mot, et qui, selon le vœu sacré du Roi, veulent voir se fermer l'abîme des révolutions, à seconder, de leur noble concours la marche d'une Association qui tend à ce but glorieux.

Un homme a dit : « La révolution française » a été nationalisée (1). » Proposition monstrueuse qu'il suffit de développer pour en faire justice.

Oui, sans doute, tout ce qui a pu rendre les Français meilleurs et plus heureux, est nationalisé. La nation a adopté les améliorations qu'elle a pu recueillir dans ce tourbillon de crimes et de malheurs où les générations se sont englouties, où tout fut violemment déplacé, où les bourreaux et les victimes eurent souvent les mêmes désastres à déplorer.

Mais les injustices barbares qui ont marqué de terribles époques, mais les forfaits atroces qui ont dégradé le caractère du peuple le plus aimable, mais toutes ces horreurs infinies dont l'histoire d'aucune nation ne fournit aucun autre exemple, seroient-elles de l'essence nationale?.... la spoliation, l'assassinat, l'insulte au malheur, le régicide, le déicide, le mépris honoré de toutes les lois humaines et divines, seroient nationalisés !............ Non, des millions de fois non ! crie la voix nationale. Il n'y

---

(1) M. Lalouette. Séance des Députés du 26 octobre 1814. *Moniteur* du 28.

a de vraiment digne d'être nationalisé en France, que LA JUSTICE...... et c'est là que doivent tendre les vœux comme les efforts de tous les Français.

FIN.

MODÈLE DE PROCURATION (1).

Pardevant ,
est comparu M
Lequel donne pouvoir, par ces présentes, à M ,
directeur de l'*Association constitutionnelle pour la défense légale des intérêts légitimes*, établie rue de Marivaux, n° 3, de, pour et au nom du constituant, former par toutes les voies constitutionnelles et légales, contre qui de droit, une demande pour raison de (*expliquer ici l'objet ou les objets de la réclamation*); faire en conséquence toutes poursuites et réclamations quelconques, obtenir tous jugemens, consentir tous abandons moyennant indemnité, et suivre toutes liquidations y relatives. — Le tout sans pouvoir soumettre le constituant à d'autre appel de fonds que ceux versés.

AVIS. MM. les émigrés et autres Français dépossédés, ou leurs ayans-cause, qui auroient à demander quelque renseignement ou quelque explication, sont invités à se présenter tous les jours, le dimanche excepté, principalement de deux à quatre heures, au Bureau de l'Association, rue de Marivaux, n° 3, où l'on aura l'honneur de répondre à toutes leurs questions.

Les lettres, paquets et envois d'argent, adressés soit au bureau, soit au notaire de l'Association, doivent être affranchis.

---

(1) Voir le *deuxième chapitre de Supplément*, page 310.

ANNONCE.

Selon toute apparence, le premier ouvrage qui sera publié par l'Association, aura pour titre : *Histoire de l'Emigration.* Cette publication sera plus particulièrement consacrée à faire connoître la cause, la nature, et les principaux effets de ce grand mouvement qui porta hors de France et autour du drapeau national *une classe recommandable de sujets du Roi* (1). Ce sera comme un vaste tableau où seront retracés avec vérité les honorables motifs et l'illustre dévouement des émigrés ; comme une sorte de défense morale de leurs principes et de leurs actions, qui ne peut qu'ajouter une grande force d'opinion à la défense légale de leurs droits.

Les personnes qui auroient des renseignemens, observations, documens, notes, anecdotes, ou récits, à communiquer sur cette intéressante matière, soit pour l'éclaircissement des faits publics, soit pour la connoissance de faits particuliers, sont instamment priées, dans l'intérêt commun de la justice, de la gloire nationale et de la légitimité, de vouloir bien les adresser, sans le moindre retard et *franc de port*, à l'auteur, M. Sarran, au bureau de l'*Association constitutionnelle pour la défense légale des intérêts légitimes*, rue de Marivaux, n° 3, à Paris.

Les diverses publications d'ouvrages qui pourront être faites par l'Association, sont indépendantes des démarches conciliatrices, ou des actions de rigueur, qu'elle suivra avec persévérance, en proportion des moyens qui lui seront donnés par l'union, plus ou moins prompte, des familles intéressées dans le but que l'Association se propose.

---

(1) Préambule de la loi du 5 décembre 1814.

TABLE

DES CHAPITRES.

Pages.

CHAPITRE PREMIER. De quelques objections que l'on oppose vulgairement aux réclamations des émigrés................ 5

CHAP. II. Division de cet ouvrage.................... 15

CHAP. III. De la justice, principe de l'ordre............. 16

CHAP. IV. Du droit de propriété, essence même de l'ordre.. 22

CHAP. V. De la force des choses et de son influence dans l'application usuelle de la justice........................ 29

CHAP. VI. De la qualité légitime de propriétaire, garantie à l'acquéreur d'un bien dit *national*, compatible avec le défaut de qualité de vendeur qui a pu manquer à l'Etat......... 35

CHAP. VII. Du caractère de la loi...................... 42

CHAP. VIII. Des lois rendues en France en l'absence du pouvoir légitime. *Article LXVIII de la Charte*............. 48

CHAP. IX. Que ce n'est que par usurpation sur la constitution et les lois de leur pays que les gouvernemens révolutionnaires ont rétabli la peine de la confiscation...................... 55

CHAP. X. De l'abolition de la peine de la confiscation. *Suite du chapitre précédent*................................ 58

CHAP. XI. La peine de la confiscation considérée comme étant incompatible avec l'ordre social....................... 65

CHAP. XII. De l'illégalité de la vente des biens des émigrés, en admettant même l'autorité des lois révolutionnaires...... 72

CHAP. XIII. De la condition des émigrés considérée sous le rapport de la législation légitime.......................... 78

CHAP. XIV. De la mort civile, et de ses effets en général... 82

Pages.

Chap. XV. De la mort civile par rapport aux émigrés...... 88

Chap. XVI. Déclarations royales relevant les émigrés de la mort civile, à titre de justice. *Charte constitutionnelle. Ordonnances des 4 juin et 21 août* 1814............................ 95

Chap. XVII. Exposé des motifs du projet de loi du 5 décembre 1814, par M. Ferrand, ministre d'Etat. Rapport de M. Bedoch. Préambule de la loi.............................. 114

Chap. XVIII. Discussion générale ouverte dans la Chambre des Députés sur le projet de loi du 5 décembre 1814...... .. 133

Chap. XIX. Discussion des articles de la loi du 5 décembre 1814 dans la Chambre des Députés. Articles 1er, 2 et 16 du projet de la commission. Discours de M. Lainé.................. 161

Chap. XX. Discussion de la loi du 5 décembre 1814, dans la Chambre des Pairs. Opinion de M. le maréchal duc de Tarente. Proposition subséquente du même pair, relative à l'indemnité....................................... 171

Chap. XXI. Diverses considérations relatives à la loi du 5 décembre 1814.................................... 181

Chap. XXII. Article 14 de la loi du 5 décembre 1814. Dettes des émigrés antérieures à la confiscation..................... 197

Chap. XXIII. Conclusion sur la loi du 5 décembre 1814, considérée comme étant une loi de justice, et devant en produire tous les effets...................................... 211

Chap. XXIV. Considérations sur ce qui seroit arrivé si, au moment de la rentrée du Roi, en 1814, tous les biens confisqués, sur particuliers, eussent été au pouvoir de l'État, ou si la situation des finances eût permis d'en payer le prix.......... 223

Chap. XXV. De la quotité et de la nature de la restitution. Remise en nature de ce qui est encore au pouvoir de l'Etat. Rentes sur l'Etat, réintégrées au tiers de leur valeur primitive. Paiement du prix des biens meubles ou immeubles dont le pouvoir légitime a disposé.................................... 230

Chap. XXVI. Des difficultés qui, dit-on, s'opposeroient au complément de la restitution en nature pour les biens non vendus, et surtout de la restitution en argent pour les biens vendus. 243

Chap. XXVII. Avantages résultant pour les particuliers et la chose publique, de la justice rendue aux familles dépossédées.. 248

Pages.

CHAP. XXVIII. Nécessité d'une restitution soit en nature, soit en argent. Espoir d'une justice volontaire de la part de l'Etat. Discours de M. Corbière et de M. Pasquier, ministre des affaires étrangères. Restitution faite à M. Roy, ministre actuel des finances. Probabilités tirées, en faveur des droits des dépossédés, des précédens connus de MM. de Villèle, Lainé, de Latour-Maubourg, de Serre, de Richelieu, de Lauriston, et de la position de MM. Siméon et Portal; tous membres du conseil des ministres. Opinion de M. le vicomte de Chateaubriand. Parole donnée par M. le général Foy.... 262

CHAP. XXIX. Loi sur les donataires. Espoir déçu. Nécessité de recourir aux voies légales. Système ministériel et conduite du ministère en opposition manifeste avec les droits légitimes des dépossédés. Motifs réels de cette opposition. Bascule ministérielle.... 279

CHAP. XXX. Effets de la bascule ministérielle dans les Chambres. Délaissement des dépossédés par leurs propres amis. Exemple mémorable de ce délaissement. Obligation et nécessité de la part des dépossédés de recourir aux voies légales, et de former une masse imposante des mêmes droits pour les faire triompher, dans l'intérêt commun de leur honneur et de leur fortune, de leur respect pour la personne sacrée du Roi et de leur amour pour leur pays.... 288

PREMIER CHAPITRE DE SUPPLÉMENT. Du paiement des rentes foncières, non supprimées par aucune espèce de loi.... 300

DEUXIÈME CHAPITRE DE SUPPLÉMENT. De l'Association constitutionnelle pour la défense légale des intérêts légitimes.... 308

Modèle de procuration.... 315

Avis.... *Ibid.*

Annonce.... 316

FIN DE LA TABLE.

www.ingramcontent.com/pod-product-compliance
Ingram Content Group UK Ltd.
Pitfield, Milton Keynes, MK11 3LW, UK
UKHW020434200726
13857UKWH00002B/412

9 782012 465923